小技巧
获得大改变

50 WAYS TO IMPROVE STUDENT BEHAVIOR
Simple Solutions to Complex Challenges Study Guide

改善学生课堂表现的
50个方法操作指南

［美］安奈特·布鲁肖　托德·威特克尔　著
Annette Breaux　Todd Whitaker

中国青年出版社
CHINA YOUTH PRESS

图书在版编目（CIP）数据

改善学生课堂表现的50个方法操作指南：小技巧获得大改变 /
（美）布鲁肖，（美）威特克尔著；刘白玉，刘璐丝译.
—北京：中国青年出版社，2015.8
书名原文：50 Ways to Improve Student Behavior: Simple Solutions to Complex Challenges Study Guide
ISBN 978-7-5153-3478-3

Ⅰ.①改… Ⅱ.①布… ②威… ③刘… ④刘… Ⅲ.①课堂教学 – 教学法 – 指南
Ⅳ.①G424.21–62

中国版本图书馆CIP数据核字（2015）第154371号

50 Ways to Improve Student Behavior: Simple Solutions to Complex Challenges Study Guide / by Annette Breaux, Todd Whitaker / ISNB: 9781596671393

改善学生课堂表现的50个方法操作指南：小技巧获得大改变

作　　者：（美）安奈特·布鲁肖　托德·威特克尔
译　　者：刘白玉　刘璐丝
责任编辑：肖　佳
美术编辑：李　甦
出　　版：中国青年出版社
发　　行：北京中青文文化传媒有限公司
电　　话：010-65511272/65516873
公司网址：www.cyb.com.cn
购书网址：zqwts.tmall.com
印　　刷：大厂回族自治县益利印刷有限公司
版　　次：2015年9月第1版
印　　次：2022年8月第5次印刷
开　　本：787×1092　　1/16
字　　数：80千字
印　　张：11
京权图字：01-2014-8278
书　　号：ISBN 978-7-5153-3478-3
定　　价：39.00元

版权声明

前　言

　　本书由安奈特·布鲁肖和托德·威特克尔博士撰写，是《改善学生课堂表现的50个方法》的操作指南。此书提供问题与提示，以便让读者能够与《改善学生课堂表现的50个方法》里的内容互动。书中的50个解决方案及策略包括三部分内容：是什么、可以是什么、实现它。书中的练习和问题能让读者更好地掌握《改善学生课堂表现的50个方法》里的概念，并将它们应用到自己的课堂教学中。

　　我们在此特别感谢弗吉尼亚州阿林顿市欧克瑞芝小学校长洛利·霍斯博士，感谢她为此书的撰写准备所做出的贡献。

安奈特·布鲁肖、托德·威特克尔

课堂策略1　热情地与学生打招呼

> 感到受欢迎的学生和得到热情问候的学生更愿意在你的教室里学习！

是什么

考虑一下你目前的课堂环境。你做了哪三件事情让你的学生感到他们受欢迎，感到你需要他们？

1. _____

2. _____

3. _____

创建一个温暖、欢迎学生的课堂气氛，请在这一方面，对你自己进行评估：

　　严重缺乏　　　　　有改善空间　　　　很好　　　　优秀

对于自己给出的评估，你有什么想法？

_____

_____

_____

可以是什么

每天亲自问候每个学生非常重要！可以通过写下明天你问候学生的十句个性化问候语来练习这个技巧。记住，要保证问候语个性化。

提示：将你写下的十句个性化问候语与你的三个同事分享交流，你将可能获得一份30句问候语的清单。

1. _____

2. _____

3. _____

4. _____

5. _____

6. _____

7. _____

8. _____

9. _____

10. _____

观察一下，如果你每天都与学生打招呼，学生身上会发生什么变化？

_____

_____

_____

列出三个对你来说最具有挑战性、最无法调动积极性、最难以管理的学生名单。对每个学生都创建两句个性化问候语。

姓名：_____

问候语 1：_____

问候语 2：_____

姓名：_____

问候语 1：_____

问候语 2：_____

姓名：_____

问候语 1：_____

问候语 2：_____

实现它

　　每天亲自热情地与你的学生打招呼，持续一个星期。观察你的学生和你自己在行为、语调、态度等方面的变化。

_____

_____

_____

_____

课堂策略2　写一封自我介绍信

> 写一封介绍自己的欢迎信，会帮助你与你的学生和学生家长建立积极良好的关系。

是什么

在新学年伊始或新学期开始，你采用了什么策略跟你的新学生及他们的家长建立积极的关系？（家长会？书面沟通？教室中的欢迎语？）

1. _____

2. _____

3. _____

可以是什么

我们已经在《改善学生课堂表现的50个方法》的书中建议了给学生或者他们的父母写信（或明信片）的内容。请在下面写下你给学生的信：

_____

_____

_____

_____

_____

在下面写下你给学生家长的信：

_____

_____

_____

_____

考虑所有的可能性。你还有什么其他方法，可以用来欢迎学生并了解他们?

在下面描述你欢迎学生或了解学生的活动：

_____

_____

_____

_____

将你的观点与多个同事分享交流。这样，从新学期第一天开始，你就会有一些欢迎学生并了解学生的新方法!

写下你目前使用的与学生家长建立积极关系的方法。

_____

_____

_____

将你的方法与多个同事分享，也让同事跟你分享他们的方法。

实现它

现在你头脑里有很多点子了吗？列出一个计划，说明你如何采用一个以建立积极关系为目的的欢迎活动来开始你的新学年或者新学期。

_____

_____

_____

_____

你如何将九月新学期开始的欢迎方法所建立的积极关系贯穿全年？记住：全年都要跟学生和学生的家长保持积极良好的关系。

_____

_____

_____

_____

课堂策略3　明确课堂规则与常规

> 了解规则与常规的区别。实践常规，并明确违反规则将面临的后果。

是什么

在下面列出你课堂现有的五个规则：

1. _____

2. _____

3. _____

4. _____

5. _____

列出五个你目前使用的为保持课堂秩序井然、运转良好的常规。

1. _____

2. _____

3. _____

4. _____

5. _____

· Tools for Rules and Procedures

可以是什么

常规与规则的区别是什么？

_____

_____

_____

看一下你上面列出的五个规则与常规。它们是否需要表述得更清楚？你是否错误地将常规列为规则？如果是，则做出必要的修改。

从以下清单中圈出三个你目前没有使用但认为应该使用的常规。

- 上交作业。
- 使用班级图书区。
- 进入教室。
- 整理课桌或者课桌里的资料。
- 在小组讨论时发言。
- 集中精力听老师讲课。
- 削铅笔。
- 如何请假去洗手间。
- 感觉不舒服怎么办？
- 在自习期间，如何获得老师的帮助（找老师、举手等）?
- 使用计算机的时间。
- 下课铃响了，要做什么？
- 获得去图书馆的许可。
- 如果有代课老师，要做什么？

将你的观点与两个同事分享。

实现它

写下五个你将要建立的常规，讨论一下你要实施每个常规的步骤。

1. 常规：_____

   步骤：_____

2. 常规：_____

   步骤：_____

3. 常规：_____

   步骤：_____

4. 常规：_____

   步骤：_____

5. 常规：_____

   步骤：_____

确定五个基本的课堂规则，你相信这些规则会有效防止潜在的违反课堂纪律的事情发生。将你的观点与两个同事分享。请他们回忆一下他们遇到过的学生严重违反课堂纪律的情况，看看你的规则是否能够用上。

规则 1：_____

规则 2：_____

规则 3：_____

规则 4：_____

规则 5：_____

后果：

列出你定好的违反课堂规则所面临的后果：

1._____

2._____

3._____

4._____

5._____

课堂策略4　你还好吗

当学生相信老师在乎他们时，他们就有最好的课堂表现。在你想要惩罚学生之前，先问一句：你还好吗？

是什么

你的班级一定有一些难管的学生。列出三个学生的姓名。

_____　　_____　　_____

到目前为止，为了改善他们的行为，你采取了什么措施？

1. _____

2. _____

3. _____

4. _____

5. _____

6. _____

在你采取的这些措施中，只是针对学生的行为，而不是针对学生行为背后的原因的，请在这样的措施下方画一条线。

在你采取的这些措施中，能表明你关心这些学生的，请圈出这些措施。

能表明你关心学生的措施，有多少个？你对这个数字满意吗？为什么满意（或者不满意）?

· Are You All Right?

可以是什么

想象一下，你被学生广泛认为是全校最友好、最支持学生的老师。学生信任你，并且知道你在乎他们。拥有这个名誉，你会有什么感觉？

想象一下：你班级那个最难管的学生正在以他最典型、最难管的方式违反纪律。你走向那个孩子，在他身边蹲下，然后说："你还好吗？"等待他的反应。你认为会发生什么？孩子会说什么？

如果你表现出关心孩子，孩子的行为可能会发生什么变化？

实现它

提示：当你想问一个学生他是否还好时，一定保证，是在私下里，用一种真诚的语气问。绝对不要在学生的同伴面前用讽刺的语气问，也要给学生时间让他有勇气或者信任来告诉你他的真实情况。

下周，对那些感到不快乐、不愿意学习、注意力不集中、课堂表现不好，或者对学习不感兴趣的学生尽量采用"你还好吗"这种策略。记录下学生的反应。注意看一下，他们的行为是否改善。记录方式如下：

孩子的姓名：_____

课堂表现不佳的行为：_____

孩子对"你还好吗"的反应：_____

向孩子表示出关心后，孩子行为的变化：_____

_____

孩子的姓名：_____

课堂表现不佳的行为：_____

孩子对"你还好吗"的反应：_____

向孩子表示出关心后，孩子行为的变化：_____

_____

孩子的姓名：_____

课堂表现不佳的行为：_____

孩子对"你还好吗"的反应：_____

向孩子表示出关心后，孩子行为的变化：_____

_____

课堂策略5　亲爱的，让我们靠近些

> 老师在身边时，学生表现最佳。离开你的舒适区，在教室里走动着讲课。

是什么

在下面的空白处画一幅你教室的图。画出学生的桌子、椅子、你的桌子等。请在你教学时最喜欢待着的地方画一个圈。

在教学时，你最想避开哪些区域？

_____

_____

用另一个颜色的笔圈出你认为应该在教学时待的时间更长的地方，如果你真的想跟学生亲近的话（提示：注意那些最难管的学生坐的位置）。邀请你的同事、校长、导师，或者小组教学同伴进入教室，观察你的讲课。以1分钟为时间间隔，请观察者用×标注出你在教室所站的位置。你对与学生的亲密度，尤其是那些难管的学生，感到满意吧？

可以是什么

考虑一下，在教室里你能够做些什么改变来更好地亲近学生。

● 你能重新布置一下课桌和椅子以便更方便走动和接近学生吗？如何布置？

_____

_____

_____

● 在讲课的不同环节，你能站在不同的地方吗？请解释。

_____

_____

_____

为了更方便在教室里走动，请重新设计教室空间，改变讲课习惯。在下面的空白处请画一幅新的教室图。

实现它

再次邀请你的同事、校长、导师，或者小组教学同伴进入教室，观察你的讲课。以1分钟为时间间隔，请观察者用×标注出你在教室所站的位置。新的授课方式和教室设计让你与学生的距离更近了吗？

你注意到你班级学生的行为问题有哪些？

课堂策略6　请相信学生

如果学生相信老师真正相信他们，他们的行为就会有所改善。

是什么

你相信你的学生吗？你相信班级里的每一个人吗？你的答案是"是的……呃……但是"吗？请在下面诚实地写出你的答案。

_____

_____

你是否放弃过某个学生？事情过去之后，现在回想起来，你放弃他的感觉如何？

_____

_____

说起来容易做起来难！相信班级里的每一个学生，就是这样。
在上课时，真正相信学生的老师看起来会是什么样子？

_____ _____ _____

_____ _____ _____

在上课时，真正相信学生的老师说话会是什么样子？

_____ _____

_____ _____

· Believe in Them!

以上描述与在你教室旁听的老师所看见所听见的是否一致？

_____

可以是什么

列出一些语句，这些语句会让即便是最难管的学生都能感受到你信任他们。（例如："就是这样！我早就知道你明白这个理！""嘿！这正是我想你会提出的好主意！"）

_____   _____

_____   _____

列出一些行为和身体语言，这些行为和身体语言会让即便是最难管的学生都能感受到你信任他们。就此与你的同事分享，从而获得一份重要的语句和行为清单。（例如：在学生桌子旁蹲下身子帮助他们；当学生向你寻求帮忙时，热情地向他们微笑；当你说你信任他们时，要看着他们的眼睛，等等。）

_____   _____

_____   _____

实现它

现在你拥有一些工具——向学生表明你信任他们的行为和语句。经常使用它们，并智慧地运用它们。注意观察一下学生的行为变化。写下三个展示出你信任学生的事件，说明你做了什么，以及结果如何。

事件1：

_____

_____

_____

事件2：

_____

_____

_____

事件3：

_____

_____

_____

在小组里，跟你的同事分享你表达对学生信任的最佳做法。

课堂策略7 坐在哪里合适呢

> 教室里学生的座位安排影响学生的行为。认真细致地计划形式多样的座位安排。

是什么

描述一下目前你教室的座位安排方式，并向你的一名同事说明。

_____

_____

目前你教室的座位安排方式的原因是什么？

_____

_____

有一个好的教育学理论支撑这种方式吗？

_____

在每个学期、每个季度或者每一天，你会调整教室的座位安排吗？是什么原因促使你调整座位？

_____

_____

可以是什么

阅读下面有关座位安排的八个句子。如果同意，就在句子前面写上"是"；如果不同意，就在句子前面写上"否"，然后写下你的理由。与几名同事就此进行讨论。

_____ 应当让学生对他们的座位和同桌感到舒服。

理由：_____

_____ 首先，让学生坐在他们自己选择的座位上。

理由：_____

_____ 第一天给学生安排座位，然后让他们慢慢习惯。

理由：_____

_____ 大多数学生愿意坐在朋友旁边，并且不会出现纪律问题。

理由：_____

_____ 朋友一般应当分开坐。关系处不好的学生应当分开坐。

理由：_____

_____ 如果进行小组讨论，合作小组或合作伙伴坐在一起最好。

理由：_____

_____ 一旦座位安排被证明是有效的，就不要再改变它。

理由：_____

_____ 有时候需要老师给学生安排座位，有时候让学生自己选择座位。

理由：_____

实现它

在《改善学生课堂表现的50个方法》的书中，我们提供了几个调整教室座位的方法。也许你也想做下面的事情：

就座位安排，对学生进行调查。对学生的反应，你也许会很吃惊。在调查时，你可以问学生如下问题：

- 你认为你目前的座位如何（前排、后排、中间、侧排等等）?
- 你喜欢坐在哪里？为什么？
- 你还喜欢坐在教室的哪个位置？为什么？
- 班级里你个人认为你最不喜欢跟谁坐在一起？

根据你的观察，以及关于学生的调查数据，制订一份新的教室座位计划。试用一下这个座位安排。等待一段时间看看效果。注意那些不合适的座位安排。如果有必要，进行调整。

在对那些不合适的座位安排进行调整前，想好你要怎么跟学生说。让学生认为调整座位的原因是合理的，且与他们的行为没有关系。

> 当你认真细致地进行座位安排，并在必要时调整时，注意学生行为的变化。教室里有效的座位安排会对学生的学习和行为起到积极的影响。

课堂策略8　给家长写一张"快乐小纸条"吧

告诉家长他们的孩子在学校的良好表现，这能够改善学生的课堂表现。

是什么

在你给每十位学生家长的电话或者小纸条中，有多少是正面评价？_____ 有多少是说学生问题的？_____

给出学生正面评价与沟通学生问题，前者至少是后者的两倍吗？

_____

你能够提高这个比率吗？关于沟通学生好的情况与沟通学生问题的比率，你的目标是多少？_____ : _____

可以是什么

当老师与学生的父母分享他们对学生积极的评价时，父母是怎么想的？

_____

_____

如果你已经花了时间与学生的父母分享孩子积极的表现，并建立了积极正面的关系时，在你认为有必要与家长沟通学生的问题时，家长对此的态度会是怎样的？

_____

_____

当给家长寄送"快乐小纸条"时，根据学生不同的表现，事先准备好几个小标题。比如下面几个小标题。请在下方写下其他小标题。与你的两名同事分享这些标题。通过团队合作的方式，你们会想出更好的标题。

- 今天表现最好的学生
- 今日之星
- 你会为你的孩子感到自豪
- 好消息

要真正创造出一些学生和家长都欣赏的快乐纸条，请考虑如下观点，并加上你自己的观点：

- 使用彩色文具和生动的计算机图表。
- 每天，在课程结束时，作为大事宣布"今日之星"。
- 你的观点是：

实现它

你可以做一个"快乐小纸条"的模板，每天给一个学生家长写一个纸条。在下面的空白处可设计一个草稿，内容包括学生姓名、日期、受奖励原因、你的签名，还有你认为其他重要的东西。

提示：为了使它看上去更专业和更吸引人，建议使用word文档与计算机表格，不要手写。

提醒！

- 不要落下任何一个孩子！在一个学期，一个学生至少要收到一张"快乐小纸条"。

- 列出班级学生清单，在收到"快乐小纸条"的学生名字旁边打对勾或者标上日期。

- 注意，一定要公平地对待每个学生，观察他们的行为变化。对于"问题学生"，在某个固定时间段，有区别地给他们更多的"快乐小纸条"，因为他们比正常学生更需要这个正面积极的信息反馈。

不要纠缠于学生的一两个行为！看学生的整体表现。你想观察学生哪些行为？请用你自己的观点补充下列清单。

- 对另一个学生说话很友好。
- 在班级集合时，很守纪律。
- 在老师给出指令时，立即遵守。
- 排好队走路。
- 在整个活动中都坚持坐在座位上。
- 拿出所有的资料，准备做作业。
- 和小组同学分享自己的好主意。
- 连续_____天按时交作业。
- 乐于帮助同学。
- 问了一个很好的问题。
- 在小组项目中起领导作用。
- 某件事讲了实话。

_____   _____

_____   _____

_____   _____

_____   _____

_____   _____

课堂策略9　让学生给家长也写一张小纸条吧

> 学生亲自告诉家长自己的不当行为比老师告诉家长学生的不当行为效果要好。

是什么

当你把学生的不当行为告诉他们的父母时，通常会遇到些什么问题呢？

_____

_____

你目前的做法有什么问题？父母是否开始怀疑他们的孩子是否真的做过或者说过这事？当你告诉一个家长这个学生的不当行为时，家长却质疑你，令你不得不为自己辩护，请你写一个类似事件的概要。

_____

_____

可以是什么

当学生行为不当时，让学生给自己的父母写一张纸条，或者告诉自己的父母自己做错了，这样做的优点是什么？

_____

_____

· Their Own Notes to Parents

采用这种方法，你预计会出现什么问题？如果你能够预见潜在的问题，那么就修改这个方法，解决问题。

要考虑的问题：

● 你是否将所有学生父母或者监护人的电话号码都井然有序地记录并随手可得？如果你随手就能找到这些数据，会省去你很多时间。

● 事先想好一个应对计划，如果孩子不将纸条交给父母，则使用此计划。

● 有些家庭，让孩子直接给父母纸条或者打电话都不明智。老师首先要考虑孩子的安全和情感因素。如果你感觉这样做会让孩子处于危险之中，那么，就让孩子给校长或者辅导老师写纸条。然后，你跟校长或者辅导老师商讨如何解决学生的不当行为。

实现它

很多老师使用事先印好的表格，让学生在上面写上自己的不当行为。让学生请他们的父母签名，然后返回老师。让学生写下自己的不当行为，可以帮助学生平静下来，并承认事实，这比简单的批评或者罚站或者不让上课效果要好。根据下面的表格模板，开发一个自己的表格，让学生写下自己的不当行为。跟你的同事分享你制作的表格，就可能会发现新的观点。

复印几份表格，让学生的父母了解学生在校的不当表现。

姓名：_____　　　日期：_____

发生了什么事？

_____

在什么地点发生的？

_____

在什么时间发生的？（上课时、休息时、吃午饭时、坐车时等等。）

_____

　　下次如果再遇到这样的事，我会表现得更得当。下次，我将按照如下做：

_____

_____

我要向这些人道歉：_____

我想对父母 / 监护人说：_____

以上是事实的真相以及我的真实感受。学生签名：_____

老师的评价：

_____

学生家长，请签名，并将表格返回学校。感谢您的一贯支持！

教师签名：_____

家长 / 监护人签名：_____　　　日期：_____

课堂策略10　让学生变得更有责任感

> 在课堂上有理由地给予学生一定的权利和责任，会培养学生的责任感。

是什么

考虑一下，在你的班级，你给学生什么样的责任和义务。在下方描述中，圈出与你情况相符的描述。

因为我想控制班级，所以我给学生极少的责任。

我给学生一些责任，也许我可以给他们更多些。

在我的班级，我有一个计划，每个学生都承担一定的责任。

可以是什么

在你的班级，你能够做出哪三种变化，从而可以给学生更多的责任？
提示：如果你实在想不出方法，可以请教你的同事。

1. _____

2. _____

3. _____

各个年级的老师都给学生布置"任务"。有时候，这些任务需要花费一周，或者一个月。有时候，老师因为需要，所以指派一名学生做某事。例如，某位学生负责连续一周收作业。有的学生可能只负责给同学发一天的作业。有的学生负责擦黑板。有的学生负责将有些东西送到老师办公室。请在下面列出至少十个任务：

1. _____

2. _____

3. _____

4. _____

5. _____

6. _____

7. _____

8. _____

9. _____

10. _____

实现它

确定一个目标：

尝试一下这个方法！但首先要想一下工作强度。你如何分配和轮换任务和责任？一周一次？一天一次？随机抽取？从头轮换？根据学习成绩？学生选择？

写一个行动计划，描述一下你将如何在你的班级给学生分配一些权利。你是否会给学生分配任务？你分配给他们什么任务？对于班级的某些决策，你想让学生参与吗？你愿意跟学生分享某些责任吗？这些责任是什么？你如何让学生参与进来？

· Make Them Responsible

行动计划：

课堂策略11　强调成功，但是不强迫

> 成功的确孕育成功。关注学生的成功，强调他们做的正面的积极的事情，你会看到，他们将更成功！

是什么

如果有人将你的50分钟一堂课录下来，你认为自己对学生的积极评语是多少？＿＿＿＿＿＿ 估计一下你对学生的消极、讽刺或者批评评语是多少？＿＿＿＿＿＿ 对这两方面的估计数字你感到满意吗？为什么满意？为什么不满意？

＿＿＿＿＿＿＿＿＿＿＿＿＿＿＿＿＿＿＿＿＿＿＿＿＿＿＿

＿＿＿＿＿＿＿＿＿＿＿＿＿＿＿＿＿＿＿＿＿＿＿＿＿＿＿

我们在《改善学生课堂表现的50个方法》一书中提到了一位优秀教师，发现她从来不对自己的学生说任何负面的评语。你对学生进行正面评价时，都讲些什么？

＿＿＿＿＿＿＿＿＿　＿＿＿＿＿＿＿＿＿　＿＿＿＿＿＿＿＿＿

＿＿＿＿＿＿＿＿＿　＿＿＿＿＿＿＿＿＿　＿＿＿＿＿＿＿＿＿

什么样的评语会使学生感觉是消极、讽刺或者负面的？

＿＿＿＿＿＿＿＿＿　＿＿＿＿＿＿＿＿＿　＿＿＿＿＿＿＿＿＿

＿＿＿＿＿＿＿＿＿　＿＿＿＿＿＿＿＿＿　＿＿＿＿＿＿＿＿＿

可以是什么

是增加你"评语库"内容的时候了。对于下面的每个类别，都列出积极正面的评语，然后从明天开始使用在你的学生身上。与你的同事分享，将他们的观点加到你的"评语库"里。

关于课上注意力和参与的评语　　　　关于家庭作业的评语

_____　　　_____

_____　　　_____

关于课上作业的评语　　　　　　　关于上课态度的评语

_____　　　_____

_____　　　_____

关于你观察到责任心的评语　　　　关于学习努力的评语

_____　　　_____

_____　　　_____

关于学生行为的评语　　　　　　　关于成绩和行为改善的评语

_____　　　_____

_____　　　_____

其他评语：

_____　　　_____

_____　　　_____

对你来讲，保持积极乐观很难吗？什么样的个人信念或者态度会影响你做出负面的、消极的评论？

想象一下，成为本章所描述的那类老师，会是什么样的感觉？你能够成为一位非常积极的人，能够让学生取得极大的进步，并为学生取得的成就深感自豪。变成一个这样的老师，你需要做些什么？

实现它

- 将你上的课录音（这只是为了你自己听）。
- 听录音，记下你对学生进行了多少次正面的评价。无论这个数字是多少，连续几天都做记录，努力每天都至少增加10%的正面评价。
- 请你的同事或者校长听你的课，让他们记下你一堂课对学生说了多少次正面的评价，多少次负面的评价。你会为自己教学能力的提高和大大地激发了学生的积极性而感到自豪。你的同事也同样会受到鼓舞。
- 随着你对学生的评价越来越正面，你注意到学生的行为发生了什么变化？

课堂策略12　用你的热情感染学生

> 教师越热情，有行为问题的学生就越少。

是什么

作为一名教师，根据下面四个选择给自己打分。

不关心 并感到无聊	不感兴趣 但试着微笑	幸福 满意	热情洋溢 快乐无比
1	2	3	4

确定一个你生活的某个领域，你绝对会给自己打四分的领域（钓鱼、旅行、成为某人的朋友、作为父母等）。

_____

如果跟你的同事分享你的热情分数，你会感到很自豪吗？为什么自豪？为什么不自豪？

_____

_____

如果你的医生、律师、金融理财师、税务会计，或者你的配偶拥有和你对学生同样的热情，你会感觉如何？

_____

_____

_____

你的学生是否值得拥有一位热情洋溢的老师？

_____

即使你已经是一位热情的老师，你愿意变得更热情吗？

_____

可以是什么

对于一位教学时热情洋溢的老师，学生一般的评语或者描述是什么？

_____   _____

_____   _____

_____   _____

在你上面列出的评语里，你的学生此时正是这样评价你的，请在这些评语旁边打勾。对于你希望学生给你的评语画圈。

想象自己变成一个更热情的老师，你如何看待这样的自己？

_____

_____

实现它

在下面英语单词热情"ENTHUSIASM"的每个英文字母后面，写出三个形容词。

E   Eager_____   _____   _____

N   Never unprepared   _____   _____

T   Tireless _____ _____ _____

H _____ _____ _____

U _____ _____ _____

S _____ _____ _____

I   _____ _____ _____

A _____ _____ _____

S _____ _____ _____

M _____ _____

　　选择五个特征，你希望朝这五个特征的方向努力，使家长、学生，甚至同事会在描述你时用上这些词语。

_____

_____

_____

_____

_____

　　当你更热情地生活、工作和教学时，注意你自身感到的变化和学生行为的改善。

课堂策略13 找原因

> 老师花时间找出学生不良行为背后的原因，通常能够帮助这个学生改善他的行为。

是什么

当一个学生行为不当时，通常你会有什么反应？你会做如下事情吗？

1. 惩罚或者责骂这个孩子，然后忘记这件事。

2. 惩罚或者责骂这个孩子，然后找出孩子行为不当的原因。

3. 在惩罚孩子之前，先跟孩子沟通。

4. 先跟孩子沟通，总是采用前后一致的惩罚办法，无论行为不当的原因是什么。

无论你的选择是1、2、3或者4，你是公开惩罚学生还是私下里惩罚学生？

可以是什么

处理行为不当的学生，你认为你做什么会改善学生的行为？（私下里处理这种情况，对行为不当表示更多的关心，更多地深究行为不当发生的原因，等等。）

_____

_____

为了达到最优目标，你的教育理念或者方法应当做些什么改变？

_____

_____

实现它

在面对行为不当的学生时，列出一个沟通时的话语清单，以便找出学生行为不当的原因。跟同事一起研究这个清单。将你的清单给学校顾问看，以便获得他的建议或者新的观点，从而知道说什么，如何说。

例如：

- "山姆，这是怎么了？我知道你不是这种孩子。"
- "萨利，我发现你有些不高兴。怎么了？"
- "托德，你似乎对某件事非常愤怒。我们谈一谈，也许我能帮上忙。"

考虑一下，如何能够增加你话语的力量，从而增加让学生开口跟你说话的机会。

- 你将如何接近那个孩子？
- 你将使用什么样的身体语言和面部表情？
- 你将什么时候问学生行为不当的原因——是在行为发生时还是行为发生后？
- 你将使用什么样的语调？
- 如果你自己对这个行为很生气，该怎么办？
- 你将如何跟那个孩子亲近，在他旁边坐下？蹲在他的前面？

一般的规则是，在与这个孩子沟通之前，你自己先等等，冷静下来。当然，如果情况紧急或者其他孩子面临危险，就另当别论了。给孩子时间，让他冷静下来。作为教师，一定要有专业的判断和关心孩子的理念。

　　写出一个孩子的名字，他的行为经常对你形成挑战。具体描述一下当这个孩子下次再表现出行为不当时，你应该怎么说，怎么做？

_____

_____

_____

　　你试用了以上方法后，写下发生的事情。如果下次再遇到同样的事情，你能够在哪些方面有所改善？

_____

_____

_____

课堂策略14　让课堂充满欢笑

老师在日常教学中使欢笑成为课堂的一部分，将减少学生不当行为的发生。

是什么

我们列出了关于在课堂上欢笑的十个观点。再重新读一遍，并在与你观点一致的观点旁边写上字母B（英文Best"最好"的第一个字母）。

请在反映了你课堂实践的观点旁边写上字母P（英文Practice"实践"的第一个字母）。

你的观点和实践之间有不一致的地方吗？如果有，你对这一事实的反应是什么？

_____

_____

了解你和你的讲课风格的人会说你什么？
- 充满欢笑
- 有时候笑
- 不太笑
- 从来不笑

可以是什么

如果笑声不是你日常生活的一部分，那么将笑声带入课堂，开始时可能感到不太舒服。什么样的方法会帮助你开始让课堂充满欢笑？下面是几条建议。加上你自己的观点，然后跟你的一两个同事讨论，列出清单，试着在课堂上使用。

确定"笑话之日"。让学生带来一个他们愿意跟同学分享的笑话。让学生自己选一个数字，通过抽签的方式，等等。

做一个"笑话黑板"。让学生带来一些漫画、笑话、杂志或者报纸的笑话剪贴、笑话图片等等，贴到黑板上。你也可以将自己的笑话加到黑板上（当然，在这些笑话贴到黑板上之前，你要进行审查，以免有不适当的笑话公开给学生）。

自我欢笑！将发生在你身上有趣的事情跟学生分享，也让学生分享发生在他们身上有趣的事情。

购买一部笑话书。让学生浏览一下全书，然后选择一个笑话跟同学分享。或者，每天在上课开始时从书中读一个笑话。

将幽默和欢乐融合到你的课程和活动中。

请写下你自己的点子：

实现它

从以上的清单中，确定从哪里开始。如果明天就打算将欢笑和乐趣带到你的班上，你将采用什么方法？请在下面具体描述：

几点提醒：

建立在别人痛苦之上的欢笑绝对是错误的。将这个观点向学生解释清楚。班级不允许使用讽刺幽默法。很多学生不了解什么叫讽刺。讽刺幽默是伤害别人的非常不友好的方法。

如果你让学生分享幽默故事和笑话，你认为还有什么其他的指导原则？

_____

_____

_____

课堂策略15　到底是谁的问题呢

> 有效地教学并控制老师自己的行为，会减少学生不当行为的发生。

是什么

在不同的课堂上学生的确会有不同的表现。一些问题学生，在有些老师的课上几乎没有出现问题，请举出这样几位同事或者老师。

_____　_____　_____

_____　_____　_____

你认为，对于这些在课堂行为管理取得成功的教师，他们取得成功的原因是什么？

_____

_____

就教学质量方面，请按照如下方面和标准给自己打分：

1 = 缺乏　　2 = 满意　　3 = 良好，但有改进空间　　4 = 优秀

我的教学程序明确清晰	1	2	3	4
我的课堂组织明确清晰	1	2	3	4
我和学生关系非常融洽	1	2	3	4
我教学时特别热情	1	2	3	4
我计划得很好，课堂没有"停滞时间"	1	2	3	4
我保证每个学生都能成功	1	2	3	4

· Student or Teaching Problem?

1＝缺乏　　2＝满意　　3＝良好，但有改进空间　　4＝优秀

我的课程设计得好，内容相关度高，　　　1　　2　　3　　4
学生参与度高

我尊重每个学生　　　　　　　　　　　　1　　2　　3　　4

我不允许自己在课上表现出挫败或者　　　1　　2　　3　　4
让自己被学生激怒

你的打分是什么样的？你很诚实地给自己打分了吗？你对自己的
分数是很吃惊还是很高兴？

_____

_____

可以是什么

我们建议在以上清单中选择一项在你课堂上有所欠缺的，然后制
订一个改进计划。制订整个计划，从回答以下问题开始：

从以上清单中，你选择了哪一个方面进行改进？

_____

_____

开始改进这个方面，你应当做什么？

第一步：_____

第二步：_____

第三步：_____

你将什么时候开始使用这个新方法？

_____

具体在哪些学生身上使用这个新方法会最有正面影响？

_____   _____   _____

_____   _____   _____

你如何知道这个方法是有效的？你会收集什么证据或者数据？如果这个方法有效，你将会看见、听见、经历什么事情？

_____

_____

你认为，这个新方法用到你想改变学生行为的身上，大约需要多久才能见效？

_____

_____

实现它

对激怒老师的学生做出发火反应会加剧学生的不良行为。什么行为是你的"发火"行为？如果你不知道，问一下你的学生。他们知道！

_____   _____   _____

_____   _____   _____

课堂策略17就教师"发火"行为有进一步的描述，请认真阅读。

课堂策略16　学习忽视

> 忽略学生故意引起老师注意力的行为能够让老师更好地掌控课堂。

是什么

我们在《改善学生课堂表现的50个方法》一书中指出，优秀教师常常忽略学生很多小的行为问题。请看下面的清单，清单中哪些行为通常会导致你停止讲课？将它们圈出来。

用铅笔敲击课桌	不停转动眼睛	松散地坐在座位上	没有打开书本
乱画	做白日梦	耳语	睡觉
发出奇怪的噪声	窃窃地笑	递纸条	发手机短信
读小说	不愉快的表情	摔书本	根本不听课
语法错误	画画	没有眼神接触	说脏话
嚼口香糖	喃喃细语	说挑衅的话	拒绝回答问题
低声评论	戳另外一个学生		

对以上清单中你已经忽略或计划有意忽略的行为，请在下面画一条直线。

还有其他导致你停止讲课的行为吗？

_____   _____   _____

_____   _____   _____

可以是什么

下面哪些行为你能够忽略？在不能够忽略的行为下面画一条直线。增加两个你能够忽略的行为。

- 那些令我烦恼但不会干扰我讲课的行为。
- 那些阻止我讲课的行为。
- 那些妨碍班级其他学生学习的行为。
- 那些伤害班级其他学生的行为。
- 那些令其他人烦恼但不令我烦恼的行为。
- 那些故意引起我注意的行为。
- 那些侮辱其他人的行为。
- 那些妨碍行为不当的学生学习的行为。
- 那些在我讲课时故意引起其他学生注意的行为。
- _____
- _____

实现它

从本节最开始的清单中，选择四个具体的行为，这些行为让你很难忽略，但也不值得中断教学和学习。

1._____   2._____

3. _____   4. _____

对以上四个行为，你能够做什么或者说什么来忽略它们，或者想办法引导学生？例如，如果学生假装在做作业，实际却在乱涂乱画，教师可以让学生在做完作业后帮老师一个忙，这样就能让学生尽快做完作业。

行为 1：引导方式：_____

行为 2：引导方式：_____

行为 3：引导方式：_____

行为 4：引导方式：_____

试一试这个方法！试想某个学生，他的行为惹怒了你，分散了你的注意力，或者阻止了你的讲课，将他的名字写下来：_____
列出这个学生所表现出来的两个你将有意忽略的行为：

1. _____

2. _____

你将采用什么样的引导方式来停止学生的这个行为？

1. _____

2. _____

3. _____

4. _____

课堂策略17　切忌在课堂上情绪失控

> 　　能够对自己的行为和学生的反应保持冷静的老师，学生出现行为问题的就更少。

是什么

　　每个人都有发火的"导火索"。学生的一些行为、态度，或者话语会令我们发火、生气或者发怒。什么"导火索"会令你情绪失控？请列出来：

_____　_____　_____

_____　_____　_____

　　问一下你的好朋友、配偶或者伙伴，将他们的回答加到以下清单中：

_____　_____　_____

_____　_____　_____

　　问几个你最信任的同事，将他们的回答加到以下清单中：

_____　_____　_____

_____　_____　_____

　　当学校里的某人（同事、管理者、学生、父母）点着了你发火的导火索，你将如何反应？诚实地思考你的行为，在下面列出你的典型反应：

· If You Sweat, They Win

当_____发生时，我会_____

当_____发生时，我会_____

当_____发生时，我会_____

当_____发生时，我会_____

这些反应中，哪一个你最不喜欢？

_____

_____

为什么？

_____

_____

哪些反应你想终止？

_____   _____

_____   _____

可以是什么

想一想，当你发怒的导火索被点着时，为了保持冷静，你会采取什么办法来回应。可在下方写一些可能点燃导火索的具体情况。

在上一部分中，你列出了几条"当_____发生时，我会_____"，想象一下，现在你正处于这些情况中，并重新写一下这个句子的后半部分，从而保证你不会表现出挫折或者情绪失控的反应。

当＿＿＿＿＿＿＿＿＿＿发生时，我会保持冷静，说或者做＿＿＿＿

＿＿＿＿＿＿＿＿＿＿＿＿＿＿＿＿＿＿＿＿＿＿＿＿＿＿＿＿＿

当＿＿＿＿＿＿＿＿＿＿发生时，我会保持冷静，说或者做＿＿＿＿

＿＿＿＿＿＿＿＿＿＿＿＿＿＿＿＿＿＿＿＿＿＿＿＿＿＿＿＿＿

当＿＿＿＿＿＿＿＿＿＿发生时，我会保持冷静，说或者做＿＿＿＿

＿＿＿＿＿＿＿＿＿＿＿＿＿＿＿＿＿＿＿＿＿＿＿＿＿＿＿＿＿

当＿＿＿＿＿＿＿＿＿＿发生时，我会保持冷静，说或者做＿＿＿＿

＿＿＿＿＿＿＿＿＿＿＿＿＿＿＿＿＿＿＿＿＿＿＿＿＿＿＿＿＿

实现它

选择你容易发怒的导火索，每天记录发生的次数及如何发生的。如果有人点燃导火索，而你没有发火，则标上"＋"号。当你发火，则标上"－"号。在一段时间之内，你能够减少减号增加加号吗？

课堂策略18 在学校里减少恃强凌弱的行为

老师如果能够帮助学生了解恃强凌弱的本质，将减少恃强凌弱违纪的发生。

是什么

你的班上有欺负其他同学的学生吗？描述一下这些恃强凌弱的行为。

_____

_____

当发现有的学生欺负其他学生时，你通常的反应是什么？

_____

_____

你干预的结果是什么？恃强凌弱的行为停止了吗？

_____

_____

可以是什么

在班级讨论时，对于下面的话题，你要讲述的观点是什么？

1.恃强凌弱的本质_____

_____

2. 在闲谈中泄露出恃强凌弱的行为与报告泄露恃强凌弱的行为的区别是：

_____

_____

3. 在处理恃强凌弱这种事情时，受害者通常有什么选择？

_____

_____

4. 当看到恃强凌弱发生时，学生可能会采取什么行动？

_____

_____

作为关心学生的老师，对于欺负其他学生的孩子，在私下交流时，你应当说什么？请记住，欺负其他学生的孩子，绝大多数有被朋友或者家庭欺负过的经历。

_____

_____

一旦有人向你报告说发生了恃强凌弱的事情，你必须采取行动！你的行动是什么？

1. 我可以_____

2. 我可以_____

3. 我可以_____

4. 我可以＿＿＿＿＿＿＿＿＿＿＿＿＿＿＿＿＿＿＿＿＿

实现它

写出一个你看见过欺负他人的学生的名字：

对这个孩子做出两种描述。第一种描述角度：老师对学生欺负他人的真实原因不了解。

＿＿＿＿＿＿＿＿＿＿＿＿＿＿＿＿＿＿＿＿＿＿＿＿＿＿

＿＿＿＿＿＿＿＿＿＿＿＿＿＿＿＿＿＿＿＿＿＿＿＿＿＿

第二种描述角度：老师对学生欺负他人的真实原因非常了解。

＿＿＿＿＿＿＿＿＿＿＿＿＿＿＿＿＿＿＿＿＿＿＿＿＿＿

＿＿＿＿＿＿＿＿＿＿＿＿＿＿＿＿＿＿＿＿＿＿＿＿＿＿

就恃强凌弱这个话题，制定一个全班大讨论的方案。

● 你将如何开始这个讨论或者介绍这个话题？

＿＿＿＿＿＿＿＿＿＿＿＿＿＿＿＿＿＿＿＿＿＿＿＿＿＿

● 你将如何描述孩子在恃强凌弱的过程中所涉及的三方：恃强凌弱者、受害者、目击者？

1. 恃强凌弱者是：＿＿＿＿＿＿＿＿＿＿＿＿＿＿＿＿＿

2. 受害者是：＿＿＿＿＿＿＿＿＿＿＿＿＿＿＿＿＿＿＿＿

3. 目击者是：＿＿＿＿＿＿＿＿＿＿＿＿＿＿＿＿＿＿＿＿

为学生准备一个角色扮演的剧本，让他们在班上扮演，向受害者和目击者展示正确的行为。首先用错误的行为表演，然后用正确的行为表演。在挑选由谁来演恃强凌弱者的学生时需要格外注意。最好的办法是老师演这个角色。

角色扮演剧本名称：＿＿＿＿＿＿＿＿＿＿＿＿＿＿＿

发生的事件：＿＿＿＿＿＿＿＿＿＿＿＿＿＿＿＿＿＿＿

＿＿＿＿＿＿＿＿＿＿＿＿＿＿＿＿＿＿＿＿＿＿＿＿＿

角色扮演中受害者的行为：

错误的行为：＿＿＿＿＿＿＿＿＿＿＿＿＿＿＿＿＿＿

正确的行为：＿＿＿＿＿＿＿＿＿＿＿＿＿＿＿＿＿＿

角色扮演中目击者的行为：

错误的行为：＿＿＿＿＿＿＿＿＿＿＿＿＿＿＿＿＿＿

正确的行为：＿＿＿＿＿＿＿＿＿＿＿＿＿＿＿＿＿＿

课堂策略19　掌握私下练习环节

私下讨论学生的不良行为，并和学生一起练习老师所期望的行为，会产生意想不到的好结果。

是什么

当你的学生行为不良时，你通常会做什么？

1. 当着其他同学的面，当场纠正这个学生的错误。

2. 私下里处理这个学生的不当行为。

使用你自己的语言，使用《改善学生课堂表现的50个方法》书中第19章的策略，解释一下为什么选择1的做法不如2的做法效果好。想象一下，你是在给某个不懂得教学策略或者不懂得儿童心理学的人解释原因。将你的答案和一两名同事的答案进行比较。

可以是什么

我们建议"静悄悄"干预的三部分内容：

1. 跟学生私下里谈论这个问题，而不是当着其他同学的面，防止孩子在其他同学面前难堪。

2. 谈话时要真诚，并假定孩子是忘记了行为得当的方式，或者不知道老师的要求。

3. 设定一个私下的练习环节，跟学生一起练习所期望的行为。给孩子解释清楚，如果他们下次还发生类似的不当行为，责任是老师，因为老师没有教好这个技巧，然后跟孩子再确定一个练习的时间。

和三个同事一起，根据下面的场景进行角色扮演。记住，谈话要真诚，且在私下里进行，假设责任是老师没有教好这个技巧，并且和学生一起练习这个技巧。

场景1：在你跟学生讨论某个话题时，汉娜继续跟身边的同学讲话，并对你的观点进行讽刺或者胡乱评价。她希望得到其他同学的大笑或者窃笑，尤其是坐在她附近的男同学——这通常会发生。你忽略了她的行为，并没有让她知道你对此不快。但是，她却继续她的不当行为，是时候处理这个问题了。

场景2：本这次上交的作业仍然没有写上标准的姓名、日期和作业名称。你跟他讲了很多次了。他是个很聪明的孩子，当然知道你的要求，但是他就等着要你"注意"他。尽管这个问题可以忽略（你认识他的字迹，知道哪个作业是他的），但你认为现在应该让他知道做事应该遵守程序，并遵守合理的要求。

场景3：伊莱恩像蛇一样从一个学习站转到另一个学习站，从一个项目转到另一个项目。她总是拖后腿，做事不紧不慢，明显表露出厌倦、不耐烦和缺乏热情的迹象。很明显，她等着你说点什么。在课上活动时，其他同学一边看着她慢条斯理的动作，一边看着你，奇怪你怎么没有纠正她的错误。很多情况下，他们无法继续用电脑，或者开始某个活动，因为他们要等着伊莱恩。她似乎喜欢别人等她，也许想激怒你，等着你和她正面对峙，然后她可以对你说自己没做错什么。

实现它

当你回忆那些行为不良的学生时，举出一个学生为例，这个学生的行为令人恼怒，喜欢引起别人的注意。你希望这个孩子的什么行为必须改变？

_____

_____

遵循以上的三个步骤，具体描述你想说什么，做什么。

1. 什么时候、在哪里，你要和学生私下里处理学生行为不当的问题？

_____

_____

2. 你将说什么？记住，谈话时要真诚，并假定孩子是忘记了行为得当的方式，或者不知道老师的要求。

_____

_____

3. 什么时候、在哪里，你要和学生私下里练习？你要学生练习什么内容和技巧？

_____

_____

课堂策略20 轻声细语，好吗

> 教师平静、祥和的声音会创造和谐的环境，和谐环境能够让学生有良好的表现。

是什么

跟学生讲话时，你声音通常很大吗？

———————————————————————————

当一个学生令你恼怒时，你说话的声音是越来越大还是越来越小？

———————————————————————————

如果为了引起一组学生的注意力或者为了回应一个令你恼怒的学生，你使用大嗓门，你发现大嗓门会立刻引起学生的注意，还是你要用更大的声音重复一遍才引起学生的注意？

———————————————————————————

你是否相信，更安静、更轻柔的声音更能够引起学生的注意力，更能够得到学生的回应？为什么能？为什么不能？

———————————————————————————

———————————————————————————

可以是什么

对你的一堂课进行录音。

一边听录音，一边注意并回答这些问题：

你什么时候趋向于提高嗓门？

_____

_____

当你的嗓门提高时，学生的嗓门提高了还是降低了？

_____

上课的哪一部分你的嗓门趋向于轻柔？

_____

_____

当你的嗓门轻柔时，学生的嗓门提高了还是降低了？

_____

我们曾提出身体前倾意味着传达重要信息。跟学生谈话时，注意你的肢体语言。对此进行排练，看看学生的注意力是否得到改善。

实现它

在下方写下一个学生的名字，这个学生有时候会情绪失控，说话声音很大，或者跟同学产生冲突。

_____

为解决下次产生的冲突，制订一个计划。

- 用平静、柔和的声音，说："_____"
- 身体前倾，听他的话，不是他的声音或者语调。
- 用平静、柔和的声音，回复说："_____"
- 绝不要提高你的声音。

随着对话的继续，无论学生的声音多么大，你始终身体前倾，听他讲话，然后用平静、柔和的声音回复他，你认为学生的声音、语调和说话的内容会发生怎样的变化？

_____

_____

尝试一下这个方法！写下发生在这个学生身上的事，然后与你的同事分享这个结果。

_____

_____

_____

_____

_____

课堂策略21　吊学生的胃口吧

> 将较大的任务分解成较小的任务，并按照计划循序渐进地完成，就能够让每个人都成功。

是什么

作为教师，根据你的年度工作计划（教学大纲、单元工作计划等等），列出两个较大的、需要较长时间才能完成的任务。

_____和_____

以下哪项最像你完成任务的方式？

1. 我卷起袖子，在某个时间段大干一场，让这个任务快速从我的任务清单中消失。

2. 我制订一个计划，制订一个中期目标和长期目标，按照计划一个个地完成，到最终期限到来前全部完成。

3. 我拖延，直到最终期限快到时才开始做。我坐下来，快速完成，但质量不是最好的。

4. 我不停地拖延，包括其他事情一起，等到最后一分钟，通常是过了最终期限才开始做。然后交上作业，并因为没有按时完成任务而道歉。但我总是有足够的借口。

你愿意用哪个答案描述你？这个方法能够帮助你缓解压力、提高工作质量、提高满意度吗？

_____

想一想你每学年或者每学期给学生布置多少需要较长时间才能完成的作业。

列出三个大作业：

_____

_____

_____

前面的四个陈述1~4，哪一个更能准确地描述你的大多数学生完成作业的方式？

描述一下你布置一个大作业或者大任务时的要求。要按照《改善学生课堂表现的50个方法》中我们描述教师A和教师B那样的叙述方式。

_____

_____

_____

与《改善学生课堂表现的50个方法》书中我们描述教师A和教师B的内容和方式相比较，你的叙述和介绍如何？有哪些优点和不足？

_____

_____

_____

可以是什么

重新思考如何布置大作业。根据循序渐进的方式，制订出一个个小的计划，然后让学生一步步地完成大任务。

步骤1（小作业1）：_____

步骤2（小作业2）：＿＿＿＿＿＿＿＿＿＿＿＿＿＿＿＿＿＿＿

步骤3（小作业3）：＿＿＿＿＿＿＿＿＿＿＿＿＿＿＿＿＿＿＿

步骤4（小作业4）：＿＿＿＿＿＿＿＿＿＿＿＿＿＿＿＿＿＿＿

步骤5（小作业5）：＿＿＿＿＿＿＿＿＿＿＿＿＿＿＿＿＿＿＿

步骤6（小作业6）：＿＿＿＿＿＿＿＿＿＿＿＿＿＿＿＿＿＿＿

实现它

重新描述一下给学生布置大作业的要求或说明，根据教师B的做法，不要根据教师A的做法。描述一下你是如何布置这个任务，如何关注学生的热情，让学生满怀信心地去完成任务。

＿＿＿＿＿＿＿＿＿＿＿＿＿＿＿＿＿＿＿＿＿＿＿＿＿＿＿＿

＿＿＿＿＿＿＿＿＿＿＿＿＿＿＿＿＿＿＿＿＿＿＿＿＿＿＿＿

在学生完成大作业后，再回来看看上面这个陈述，做些改进或者变动，以便在下一次布置大作业时使用。

跟先前的情况相比，按时上交作业的比率是不是提高了？任务完成的质量是不是也提高了？是不是也激发了学生的积极性？上课做作业时，他们的行为发生了怎样的变化？

＿＿＿＿＿＿＿＿＿＿＿＿＿＿＿＿＿＿＿＿＿＿＿＿＿＿＿＿

＿＿＿＿＿＿＿＿＿＿＿＿＿＿＿＿＿＿＿＿＿＿＿＿＿＿＿＿

＿＿＿＿＿＿＿＿＿＿＿＿＿＿＿＿＿＿＿＿＿＿＿＿＿＿＿＿

课堂策略22　关注并表扬学生的良好表现

> 　　优秀的教师总是善于捕捉有良好表现的学生，并表扬他们。

是什么

　　想一想你的教学。请在下方描述针对学生的行为，你通常会有什么样的"我抓到你了"的评论。

　　行为 1：_____

　　"我抓到你了"的评论：_____

　　行为 2：_____

　　"我抓到你了"的评论：_____

　　行为 3：_____

　　"我抓到你了"的评论：_____

　　行为 4：_____

　　"我抓到你了"的评论：_____

　　这四个"我抓到你了"的评论是针对学生积极还是负面的行为？

　　_____

　　_____

· Saving "Gotcha" for Behaving

优秀教师从来不做批评学生的评论。他们总是对表现良好的学生进行表扬。如果一个学生的行为的确不能够忽视，那么就在私下里处理这件事。作为一名教师，你离这个目标有多远？在下面的陈述中，如果与你的教学方法一致，就在方框内打勾。

☐ 学生做错了，我经常批评他们。

☐ 我有时候表扬表现好的学生，但更经常批评表现不好的学生。

☐ 我既表扬表现好的学生，也同样多地批评表现不好的学生。

☐ 大多数情况下，我表扬表现好的学生，但表现太令我恼怒的学生我也批评。

☐ 我就是《改善学生课堂表现的50个方法》一书的第22个方法中所描述的那种优秀教师。

可以是什么

在《改善学生课堂表现的50个方法》一书的第22个方法中，我们描述了老师对行为不当的学生的四种批评，请重新读一遍（见此书第88—89页）。

这样批评学生是错误的，老师应当说什么？做什么？

老师不应该说："是啊，你怎么可能知道呢？因为你根本没有在专心听讲！"而应该说：

_____

_____

老师不应该说："当我让你们写作业的时候，我让你们说话了吗？"而应该说：

_____

_____

老师不应该在全班同学面前揪出一名没完成作业的学生，批评他，而应该这么做：

_____

_____

老师不应该说："刚才我们讨论的时候，你在哪里呢？"而应该说：

_____

_____

实现它

选择过几天你要讲授的两节课。监督一下你自己，只表扬那些表现良好的学生，不批评那些表现不好的学生（或者私下里处理这些问题）。每次课后，反思一下你的讲课，什么样的评论让你感到自豪或者满意，什么样的评论还有待改善？

第一节课	第二节课
我自豪地说_____	我自豪地说_____
_____	_____
我能够忽略_____	我能够忽略_____
_____	_____
下次我要改善_____	下次我要改善_____
_____	_____

课堂策略23　寻找学生的闪光点

找到学生的闪光点，会让学生发出更大的光芒！

是什么

作为一名教师，或者一个普通人，按照下面的陈述给自己打分。

1 = 从来不　　2 = 偶尔　　3 = 有时候　　4 = 经常

我对同事说学生的成功多，说失败少	1	2	3	4

我对同事说学生的成功多，说失败少　　　　1　2　3　4

我用积极的语言对其他人讲我的学生　　　　1　2　3　4

我每天都表扬我的学生　　　　　　　　　　1　2　3　4

学生们都知道我珍重他们的个性　　　　　　1　2　3　4

我跟学生谈话时，表扬学生多，批评　　　　1　2　3　4
学生少

我跟朋友在一起时，总是谈论快乐的　　　　1　2　3　4
经历

为了对学生的态度更正面，你应该做些什么改变？

我们在《改善学生课堂表现的50个方法》一书中说道："生活其实就是由那些我们关注的事情组成的。在课堂上，道理也是一样。"在教学中，你关注什么？举出三个你关注的例子，从而创造了什么样的课堂环境/文化。

1. 我关注＿＿＿＿＿＿　　创造了＿＿＿＿＿＿＿＿＿＿＿＿

2. 我关注＿＿＿＿＿＿　　创造了＿＿＿＿＿＿＿＿＿＿＿＿

3. 我关注＿＿＿＿＿＿　　创造了＿＿＿＿＿＿＿＿＿＿＿＿

可以是什么

举出某个你能够更好地欣赏学生的领域（完成家庭作业、帮助同学、乐于学习，等等）。

＿＿＿＿＿＿＿＿＿＿＿＿＿＿＿＿＿＿＿＿＿＿＿＿＿＿＿＿

跟我的学生在一起时，我会关注他们的哪些良好表现？

＿＿＿＿＿＿＿＿＿＿＿＿＿＿＿＿＿＿＿＿＿＿＿＿＿＿＿＿

＿＿＿＿＿＿＿＿＿＿＿＿＿＿＿＿＿＿＿＿＿＿＿＿＿＿＿＿

实现它

列出十个最具挑战性的学生，按照挑战程度从高到低排序。对每个学生，写出你珍重他什么，欣赏他什么。在下次上课时，使用这些评语。经常使用这些欣赏性的评语，看看学生的行为发生了怎样的变化。

学生名字：　　　　评语：

1.＿＿＿＿＿＿　　＿＿＿＿＿＿＿＿＿＿＿＿＿＿＿＿＿

2.＿＿＿＿＿＿　　＿＿＿＿＿＿＿＿＿＿＿＿＿＿＿＿＿

3.＿＿＿＿＿＿　　＿＿＿＿＿＿＿＿＿＿＿＿＿＿＿＿＿

· Find the Gleaming and Redeeming

4. _____ _____

5. _____ _____

6. _____ _____

7. _____ _____

8. _____ _____

9. _____ _____

10. _____ _____

课堂策略24　请把"谢谢"常挂在嘴边

> 表扬和感谢学生能够激励学生，并激发学生的良好表现。

是什么

我们在《改善学生课堂表现的50个方法》一书中将表扬称为"最珍贵的礼物"。列出三个你最近受到表扬的例子。

1. _____

2. _____

3. _____

这些表扬令你感觉如何？

_____

现在列出三个你想表扬的学生的行为。写出你常用的表扬词：

情形：_____

我说：_____

情形：_____

我说：_____

情形：_____

我说：_____

可以是什么

我们在《改善学生课堂表现的50个方法》一书中给出了优秀教师在课堂上使用"谢谢你"的十个情形。在下面的情形中，如果你会感谢学生，那就在旁边打勾。

☐ 学生安静地走进教室。

☐ 学生记得做作业。

☐ 整齐地记录课堂笔记。

☐ 高效率地完成作业。

☐ 一直坐在座位上听课。

☐ 写出非常精彩的一篇作文/故事。

☐ 关上教室的门。

☐ 在小组讨论时表现良好。

☐ 下课铃响前收拾旁边座位的杂物。

☐ 在作业上帮助另一个同学。

☐ 其他

实现它

举出几个你将表扬学生的行为，当然不包括你已经表扬学生的行为。

—————————————— ——————————————

—————————————— ——————————————

—————————————— ——————————————

你可以在你的教室创建"谢谢你"文化。学生会以你为榜样，向你学习。

课堂策略25　别让学生难堪

当学生表现不当时，试图通过让学生难堪的方法让学生改正，只会引起学生的愤怒，甚至会引起学生报复。

是什么

我们在《改善学生课堂表现的50个方法》一书中指出，大多数人对老师让自己难堪的事情记忆犹新。作为一名曾经的学生，反思一下自己的感受。回忆一下，当年老师让你难堪的过程或者你看到老师让其他人难堪的过程。在下面写下你的故事，并与一两个同事分享。

_____

_____

_____

你或者你的同事能回忆起对于那些让你难堪的老师你们所采取的"报复"措施吗？在下面描述一下。

_____

_____

_____

· Humiliation Breeds Retaliation

在你对自己的个人行为反思的过程中，是否记得自己为了纠正学生的不当行为而采取让学生难堪的情形吗？如果是这样，是否有更专业的方法来代替这种方法？

_____

_____

_____

_____

可以是什么

令孩子难堪的形式很多。以下是其中的一些例子。在每种情形的空白处，写出不会令孩子难堪的其他方式或者表达方式。

在全班同学面前，说某个学生的学习成绩差或者说他无知。

_____

挑战一个好斗的学生，眼睛紧盯着他，直到他低下头，或者命令他站到教室的角落里。

_____

站在一个孩子课桌的旁边，在其他同学面前批评他的作业差。

_____

嘲笑一个举手提问某个问题的学生，因为这个问题你刚刚解释完。

_____

实现它

你认为，老师为什么会通过羞辱的方式来教育表现不好的学生？跟两个同事讨论，然后得出结论，并将结论写在下面。

原因：

1. _____

2. _____

3. _____

你是否曾经通过羞辱的方式来教育表现不好的学生？请解释原因。

_____

_____

对于刚才提到的羞辱学生的情形，你会怎么处理而不让学生难堪？

_____

_____

如果在过去你曾经通过羞辱的方式来教育表现不好的学生，那么现在你是否愿意说些什么或者做些什么来修复已经破坏的师生关系？

_____

_____

_____

_____

课堂策略26 90/10法则，你留意了吗

优秀的教师极少将学生叫到办公室。然而当他们这么做时，说明学校管理者很重视这些学生的问题了。

是什么

在最近五天的教学中，你将多少学生叫到了办公室？

_____

在最近五周的教学中，你将多少学生叫到了办公室？

_____

在下面最符合自己的描述前画圈。

● 我极少将学生叫到办公室。

● 当少数问题学生犯错误时，我将他们叫到办公室。

● 我将很多学生叫到办公室。课堂上我没有时间处理他们。

跟我的同事相比，我：

● 与我校大多数老师相比，我将更多的学生叫到办公室。

● 我将学生叫到办公室的数量与其他老师相当。

● 与我校大多数老师相比，我将较少的学生叫到办公室。

为什么因各种原因将学生一次次地叫到办公室反而效果不佳？

_____

将学生叫到办公室的原因是什么？你期待在办公室产生什么结果？

_____

为了一些很小的问题，将学生一次次地叫到办公室，你认为给学生传递了一个什么信息？

———————————————————————————

我们在《改善学生课堂表现的50个方法》一书中描述了一名优秀教师防止将学生叫到办公室的方法。在下面圈出你认为可能会改进课堂的方法。

- 良好的课堂管理。
- 尊重每个学生的尊严。
- 充实每一节课堂。
- 设计让学生参与的课堂。
- 事先声明潜在的纪律问题。

可以是什么

按照学校规则或学校董事会政策，在什么情况下、因为什么原因需要老师帮助学生"自己走进"老师办公室？如果你不确定，请参考一下你校的"学生手册"。

———————————————————————————

———————————————————————————

告诉学生"到我的办公室来"和"因为_____，你要自己走进老师办公室"，这两句话的最大区别是什么？

———————————————————————————

———————————————————————————

在你的班级，学生的什么行为会使你让他们到你办公室来？对于这些行为，如果不去你的办公室，有没有其他替代解决办法？

行为1＿＿＿＿＿＿＿＿　　替代办法：＿＿＿＿＿＿＿＿＿＿＿＿＿＿

行为2＿＿＿＿＿＿＿＿　　替代办法：＿＿＿＿＿＿＿＿＿＿＿＿＿＿

行为3＿＿＿＿＿＿＿＿　　替代办法：＿＿＿＿＿＿＿＿＿＿＿＿＿＿

行为4＿＿＿＿＿＿＿＿　　替代办法：＿＿＿＿＿＿＿＿＿＿＿＿＿＿

你是否将你的愤怒或沮丧作为让学生去你办公室的原因？这个原因是否合理？为什么合理？为什么不合理？

＿＿＿＿＿＿＿＿＿＿＿＿＿＿＿＿＿＿＿＿＿＿＿＿＿＿＿＿＿＿＿

＿＿＿＿＿＿＿＿＿＿＿＿＿＿＿＿＿＿＿＿＿＿＿＿＿＿＿＿＿＿＿

实现它

当你（1）自己管理大多数的学生行为，（2）保持冷静和控制，（3）停止因为小问题而让学生到你办公室时，你需要做什么？你需要告诉学生什么？谁会帮助你出主意、点子？谁会支持你？

＿＿＿＿＿＿＿＿＿＿＿＿＿＿＿＿＿＿＿＿＿＿＿＿＿＿＿＿＿＿＿

＿＿＿＿＿＿＿＿＿＿＿＿＿＿＿＿＿＿＿＿＿＿＿＿＿＿＿＿＿＿＿

就本小节的这个方法，准备一篇"演讲"。这篇"演讲"的开头可以是："我不会因为你们在课堂上表现不好就把你们叫到我的办公室。"然后你还会再说些什么？

＿＿＿＿＿＿＿＿＿＿＿＿＿＿＿＿＿＿＿＿＿＿＿＿＿＿＿＿＿＿＿

＿＿＿＿＿＿＿＿＿＿＿＿＿＿＿＿＿＿＿＿＿＿＿＿＿＿＿＿＿＿＿

课堂策略27　向学生证明你是真正关心他们的

> 当学生知道老师真正关心他们时，他们就会做出积极的反应。

是什么

教师关心学生，但是他们跟学生明确表达了关心吗？你呢？

想一想你展示给学生或者告诉学生你关心他们的方式。将这些方式列出来：

_____　　_____

_____　　_____

有时候我们关心学生的方式可能不是很明显。在以上清单中，如果你认为你关心学生所说和所做的对学生来说非常明显，则在旁边打勾；如果你认为你关心学生所说和所做的对学生来说不明显，则在旁边打叉。对你的学生来讲，你对他们的关心是明显的还是不明显的？_____

可以是什么

使用同样的方法，即打勾和打叉，对下面老师关心学生的方式是否明显进行标志。

_____ 晚上给学生批改卷子到很晚，以便学生按时取回卷子。

_____ 对一个考试成绩不好的学生说："我非常担心你的考试成绩，因为我非常关心你。跟我说说，这次考试是怎么回事？"

_____ 当一个学生跟另一个学生争论谁先排的队时，将手放到这个孩子的肩膀上，说："嘿，山姆，等等，发生了什么事？"

_____ 对两个排队时争吵的男孩说："你们两个我都很关心，看到你们争吵我很不高兴。我们能否先尊重和关心对方，然后再决定做什么？"

_____ 因为有三个学生在篮球队里，所以你去看他们的篮球比赛。

_____ 比赛之后，你对三个学生讲："非常高兴去看了你们的比赛！在第三局里，你那个篮板球打得特好！我也为你感到自豪！"

我们在《改善学生课堂表现的50个方法》一书中指出，让学生相信你真正关心他们的最佳时间，就是当他们表现不佳时。面对下面的每个情形，请写下老师应当怎么做？

恺撒坐在一个女孩的后面。他旁边的一位男孩在偷偷地用手戳那个女孩，恺撒却咧嘴偷笑。

_____

在图书馆的计算机室，玛利亚大声地告诉坐在那里的一个男孩："现在轮到我用计算机了，你滚开！"

_____

亚当在教室里被人绊了一下。你看见这是个意外。但亚当转向绊他的那个孩子，恶狠狠地举起了拳头。

_____

艾莉森的英语作文得了C-。她很气愤。她把书"砰"的一声合上，双手交叉在胸前，大声地对自己说："恶心死了！"

_____

实现它

现在轮到你了。简单描述一下你最近处理的三个学生表现不佳的行为。然后，写下如果再遇到类似的事情，你会明确说什么或做什么来表示你关心学生。跟同事商量一下，以便得到一个最佳方案。并演练一下，以便下次应用。

行为 1：_____

明确表示出"我关心"的反应：_____

_____

行为 2：_____

明确表示出"我关心"的反应：_____

_____

行为 3：_____

明确表示出"我关心"的反应：_____

_____

要注意这样一种情况：当孩子行为不当而你表示关心他时，他却漠不关心。面对这种情况，你应当事先想好说什么。不要感到吃惊或者失望。保持冷静，继续展示你非常关心他。我可能会说：

_____

_____

_____

课堂策略28　你是一个和蔼、友好、充满动力的人吗

教师以身示范，其和蔼可亲的态度和行为会在学生的行为中反映出来。

是什么

根据下列问题，诚实地评估自己：

是，总是这样：4分；经常这样：3分；有时候这样：2分；不是：1分。

1. 我经常在学生面前微笑。　　　　　　　　　　　　　_____

2. 我每天有意识地向所有学生表示友善。　　　　　　_____

3. 无论什么情况，我都能以彬彬有礼的态度对待他人，成为学生的榜样。　　　　　　　　　　　　　　　　　　　_____

4. 当我上课时，热情洋溢并且精力充沛。　　　　　　_____

5. 即使我在批评一个学生的时候，也能控制好自己的情绪，以尊重的态度对待学生。　　　　　　　　　　　　_____

6. 我能总是尊重所有学生。　　　　　　　　　　　　_____

7. 我的所有学生都愿意将我描述为幸福的老师。　　　_____

8. 每个学生都肯定我喜欢他 / 她。　　　　　　　　　_____

总分：_____

分数分析：

28~32分：祝贺你！你已经将此方法应用到极致！

20~28分：在此方面，你做得很好，只有少数几个行为需要改善。

12~20分：有时候，你展示出积极、友好、充满动力，但需要持之以恒，并且需要对待每一个学生都这样。

8~12分：你需要好好学习这个非常重要的方法。每天对每一个学生都要友好、和蔼，并充满动力，这应当成为你职业发展的头等要事。

想一想，当学生跟你在一起时，他们认为你是什么类型的人。你想在他们的行为中看见自己的影子吗？为什么想？为什么不想？

_____

_____

可以是什么

从以下行为描述中，圈出你认为可以改善的三个行为。

总是微笑　　　总是友好　　　总是彬彬有礼　总是充满热情

总是充满动力　总是平静　　　总是很庄严　　总是尊重别人

总是高兴　　　总是向其他人展示出我真的很喜欢他们

实现它

刚才你选择了三个你想改善的行为，以便能够成为学生更好的榜样。对于你选择的每个行为，列出能够改善这种行为的两个具体行动，以便你能够持之以恒地成为学生的模范。

描述 1：我总是_____

我将通过以下两个行动来改善这个行为：

1._____

2._____

描述 2：我总是_____

我将通过以下两个行动来改善这个行为：

1._____

2._____

描述 3：我总是_____

我将通过以下两个行动来改善这个行为：

1._____

2._____

课堂策略29　摘下学生的面具

> 优秀教师总是寻找学生行为不当背后的原因。

是什么

在某些方面学生的某些行为的确是有原因的，合理的原因或者不合理的原因。从下面列出的大类中，列出可能会使学生行为不当的事件或者经历。

家庭/环境　　　　　　　　原先的学校/班级/教师

_____　_____　　_____　_____

_____　_____　　_____　_____

身体状况/健康　　　　　　社交经历（朋友/同学）

_____　_____　　_____　_____

_____　_____　　_____　_____

将以上清单跟你同事的清单进行比较。

可以是什么

当你思考经常在孩子身上看到的这些不当行为时，将这些不当行为看作"面具"，将这些不当行为的原因看作"面具背后的原因"。对于每一个不当行为，写下可能会导致这种行为的原因。第一个例子已经给出。

带着面具的脸	面具背后的原因
马特在课上从来都不集中注意力听讲。	1. 父母总是允许马特晚上玩游戏，直到睡着，通常玩到半夜一点。 2. 马特的父母总是吵架，马特心里很烦。
艾丽卡每天都怒视每个人，她只穿黑色的衣服，她似乎对每个人都愤怒。	1. ＿＿＿＿＿＿＿＿＿＿＿ ＿＿＿＿＿＿＿＿＿＿＿＿ 2. ＿＿＿＿＿＿＿＿＿＿＿ ＿＿＿＿＿＿＿＿＿＿＿＿
托尼经常跟班级同学打架。他一直怒气冲冲，无论什么时候，凡是有人碰他或者靠近他，他都发火。	1. ＿＿＿＿＿＿＿＿＿＿＿ ＿＿＿＿＿＿＿＿＿＿＿＿ 2. ＿＿＿＿＿＿＿＿＿＿＿ ＿＿＿＿＿＿＿＿＿＿＿＿

实现它

从你班里选择三个学生，他们经常有不当行为。描述一下你所知道的可能导致这些不当行为的"面具背后"的原因。

学生名字：_____

面具背后的经历：_____

学生名字：_____

面具背后的经历：_____

对于班级最难管的学生，如果知道了面具背后的原因，你的做法会有怎样的不同？

_____

_____

如果确实不知道孩子不当行为面具背后的原因，你如何找出来？

_____

_____

　　我们在《改善学生课堂表现的50个方法》一书中指出，教师通常采用"三部曲"来揭开学生各式各样的面具，首先，教师们必须意识到每一个学生都有一个面具！其次，教师必须要试图看到面具背后发生的事情。最后，也是最重要的就是，教师绝不能仅以主观臆断来评判学生的行为。你是如何理解最后一点的？

_____

_____

课堂策略30　不要让学生的坏情绪沉淀

> 一个特别优秀教师总是知道如何熄灭学生的愤怒之火。

是什么

列出学生向老师表示他们心情不好的十种方式。记住：学生有时候用语言，有时候用行动，有时候用肢体语言展示其愤怒的情绪。如果你找不出十个，就请教你的同事。这些方式可能包括：将书摔到桌子上，拒绝回复最简单的问候，等等（现在只填写第一列）。

为了展示自己心情不好，学生会……	我对此通常的反应是	忽，敢，关？
1. _____	* _____	_____
2. _____	* _____	_____
3. _____	* _____	_____
4. _____	* _____	_____
5. _____	* _____	_____
6. _____	* _____	_____
7. _____	* _____	_____
8. _____	* _____	_____
9. _____	* _____	_____

10. _____   * _____   _____

  * 完成十个行为清单后，请在第二列写出当这种行为发生在你的班级时，你通常的反应是什么。

  在右边的第三列，如果你的反应属于"忽略"，则写上"忽"；如果你的反应属于"你怎么敢这么做"，则写上"敢"；如果你的反应属于"我很关心你"，则写上"关"。

  有多少项属于"忽略"类型？有多少项属于"你怎么敢这么做"类型？有多少项属于"我很关心你"类型？

  如果你想变成"我很关心你"的老师类型，你还应该做些什么？

_____

_____

_____

_____

可以是什么

  对于下面列出的三个学生因情绪发生的问题，写出一名优秀教师为了改变学生的坏情绪而可能采取的反应。

  当布列塔妮走进教室时，你说："早上好！"而布列塔妮却目光咄人地双眼紧盯着你的眼睛。她嘴唇紧闭，眉头紧锁，快速地从你身前走过，走到自己的座位上，将书扔到地上。

  你的反应：

_____

_____

大卫低着头、耷拉着眼皮走进教室，根本不想跟你目光接触。你发现他眼睛里有几滴眼泪。他把夹克向上拉了拉，似乎想尽力将头蒙在衣服里。你走过去，拍了拍他的胳膊，他生气地甩开你的手。

你的反应：

_____

_____

吉娜对你的问候甩了一下头发，努一下下巴。她坐到座位上，看着你，向上翻了下眼皮，蔑视地努一下嘴巴，好像你是这个世界上最讨厌的人。

你的反应：

_____

_____

实现它

描述一下你曾经在课堂上看过的学生的三种不良情绪表现，然后，完成该描述后面的问题。

不良情绪表现1：

_____

_____

我不会忽视这个学生和他的行为，也不会消极地做出反应，我将会：

_____

_____

不良情绪表现2：

_____

_____

我不会忽视这个学生和他的行为，也不会消极地做出反应，我将会：

_____

_____

不良情绪表现3：

_____

_____

我不会忽视这个学生和他的行为，也不会消极地做出反应，我将会：

_____

_____

课堂策略31　做一个乐观的教师

> 对于最乐观的教师，学生的反应也是乐观的。

是什么

我们在《改善学生课堂表现的 50 个方法》一书中请你回答这样一个问题：在你们学校，谁是最乐观的人？在这里写下这个人的名字：＿＿＿＿＿＿

你们学校中，你能想到的最乐观的其他三个人的名字是：

＿＿＿＿＿＿＿＿＿　　＿＿＿＿＿＿＿＿＿　　＿＿＿＿＿＿＿＿＿

在以上列出的四个人中，你是其中之一吗？＿＿＿＿＿＿＿＿＿

如果不是，你接近那个名单吗，还是离得很远？＿＿＿＿＿＿＿＿＿

想象一下，在去学校前，你在家里备课，你名单上的一位乐观者顺便来看你。当你抬头看见这个人站在你们门口时，你的感觉是什么？

＿＿＿＿＿＿＿＿＿＿＿＿＿＿＿＿＿＿＿＿＿＿＿＿＿＿＿＿＿＿＿

想象一下，某天上午，你走进几位教师的房间去请教一个问题，或者只是问候一下。你想让他们看到你时有怎样的感觉？

＿＿＿＿＿＿＿＿＿＿＿＿＿＿＿＿＿＿＿＿＿＿＿＿＿＿＿＿＿＿＿

可以是什么

你将这些老师列入乐观者名单的原因是什么？你从他们身上观察到了什么？举出六个例子：

_____   _____   _____

_____   _____   _____

如果学生认为他们的老师是他们见过的最乐观的老师，你认为学生会怎么看待这位老师？这位老师所说、所做、所相信的事情，学生会怎么评价？列出六个例子：

1. _____

2. _____

3. _____

4. _____

5. _____

6. _____

想象一下，如果一位不带任何偏见、很中立的教师采访你的学生，让他们说说你的情况，你认为他们可能会说哪六件事？

1. _____

2. _____

3. _____

4. _____

5. _____

6. _____

以上两个列表吻合吗？ ＿＿＿＿＿＿＿　　　请解释原因：＿＿＿＿＿＿＿

＿＿＿＿＿＿＿＿＿＿＿＿＿＿＿＿＿＿＿＿＿＿＿＿＿＿＿＿＿＿＿＿

实现它

如果你的同事将你列为全校最乐观的人，你得到的益处有哪些？列出其中三个：

1.＿＿＿＿＿＿＿＿＿＿＿＿＿＿＿＿＿＿＿＿＿＿＿＿＿

2.＿＿＿＿＿＿＿＿＿＿＿＿＿＿＿＿＿＿＿＿＿＿＿＿＿

3.＿＿＿＿＿＿＿＿＿＿＿＿＿＿＿＿＿＿＿＿＿＿＿＿＿

如果你的学生将你列为全校最乐观的人，你得到的益处有哪些？列出其中三个：

1.＿＿＿＿＿＿＿＿＿＿＿＿＿＿＿＿＿＿＿＿＿＿＿＿＿

2.＿＿＿＿＿＿＿＿＿＿＿＿＿＿＿＿＿＿＿＿＿＿＿＿＿

3.＿＿＿＿＿＿＿＿＿＿＿＿＿＿＿＿＿＿＿＿＿＿＿＿＿

如果学生的老师（你）的确是全校最乐观的人，学生得到的益处有哪些？列出其中六个：

1.＿＿＿＿＿＿＿＿＿＿＿＿＿＿＿＿＿＿＿＿＿＿＿＿＿

2.＿＿＿＿＿＿＿＿＿＿＿＿＿＿＿＿＿＿＿＿＿＿＿＿＿

3.＿＿＿＿＿＿＿＿＿＿＿＿＿＿＿＿＿＿＿＿＿＿＿＿＿

4.＿＿＿＿＿＿＿＿＿＿＿＿＿＿＿＿＿＿＿＿＿＿＿＿＿

5. _____

6. _____

为了在你同事眼里成为全校最乐观的人，你应当如何说或做得跟以前不同？列出四件事情：

1. _____

2. _____

3. _____

4. _____

为了在你学生的眼里成为他们所见过的最乐观的老师，你应当开始说或做的八件事情是什么？

1. _____

2. _____

3. _____

4. _____

5. _____

6. _____

7. _____

8. _____

课堂策略32　关注学生的兴趣

> 最优秀的教师总是乐于花时间了解学生的兴趣。

是什么

列出你的十个学生的名字，在每个名字旁边写出他的兴趣。

学生名字　　　　　　　　　　　兴趣

1. _____　　_____

2. _____　　_____

3. _____　　_____

4. _____　　_____

5. _____　　_____

6. _____　　_____

7. _____　　_____

8. _____　　_____

9. _____　　_____

10. _____　　_____

在这十个学生中，你能够列出多少学生的具体兴趣？

十个中有_____

8~10个：特别棒！

5~8个：很好！有改进空间，但你知道很多学生的兴趣。

3~5个：你花时间了解了一些学生的兴趣，现在需要了解全部。

0~3个：这是一个需要学习的好方法，因为它能够改善你与学生之间的关系，并改善学生的课堂表现。

可以是什么

列出你的学生在下列大类中的具体兴趣。

受欢迎 图书	受欢迎 电视节目	受欢迎 电影	受欢迎 电子游戏
____	____	____	____
受欢迎 体育项目	受欢迎 音乐/音乐家	受欢迎 爱好	受欢迎 食品
____	____	____	____
受欢迎 交通工具	受欢迎 饭店	游玩 地点	校外 活动
____	____	____	____

你能够列出学生最感兴趣的具体项目吗？作为老师，为什么这个非常重要？

____

· Become Interested in Their Interests

以下是了解学生兴趣的四种方法。这四种方法哪一种对你来说更有价值，从1~4给出分值，数字1表示了解并参与到学生兴趣中的最好方法。

_____ 直接问学生的兴趣

_____ 让学生写一个兴趣清单

_____ 观察学生的言行

_____ 参与他们的课后活动

现在请列出了解学生兴趣的三种方法，请参考第一个例子。

1. 邀请一小组学生（每次三四个）跟你吃午餐，每周一次。通过午餐交流，了解学生的兴趣、爱好、梦想、目标和个性特点。

2._____

3._____

4._____

实现它

你的计划是什么？你将如何了解每个学生的个人兴趣、激情、爱好和个性特点？

我将：_____

_____

_____

课堂策略33 "救命稻草"的重要性

> 聪明的教师总是会利用让学生"帮忙"的方式作为表扬学生，给予学生冷静或者重新集中注意力的机会。

是什么

你目前有什么任务、事情或者差事让学生帮忙？列出来。

_____   _____

_____   _____

从下面的清单中圈出你让学生帮忙的真正原因。

帮助我   帮我省时间/省事

让学生出去透透气   分散不好的心情

找个借口表扬他   帮助学生集中精力

让学生对自我感觉良好   做完作业后让他们有事干

教给他们什么是责任   表达喜欢

增加自我价值   让我从某个学生中透透气

展示对学生的信任   让两个争吵的学生停止争吵

其他原因：_____   _____

_____   _____

_____   _____

可以是什么

我们在《改善学生课堂表现的50个方法》一书中提出了"空信封"策略。即事前告诉一名教师，有的时候你可能会让一个学生过去找他，不论出于何种原因。你可以让这个学生给他带去一个密封好的白色空信封，当然，这个学生并不知道信封里其实什么都没有。在你的班级，你是如何使用这一策略的？

在这里描述一下你的计划：

_____

_____

_____

_____

跟你的同事一起讨论几分钟，商定一个让学生帮忙的清单。考虑一下两大类。

在课堂上	在课后
例如：帮我削铅笔	从学校收发室取我的信

实现它

请学生帮忙可以改善学生的课堂表现。考虑一下学生从帮忙中或者给你完成差事中可能得到益处的原因。

需要感到自身重要或者有价值的学生名单：

_____   _____

_____   _____

需要更多表扬的学生名单：

_____   _____

_____   _____

很难完成作业的学生名单（采用"完成作业后帮我干点活"的策略）：

_____   _____

_____   _____

需要偶尔离开教室一会儿透透气的学生名单：

_____   _____

_____   _____

需要组织有序、做好清洁、放好东西、有条不紊的学生名单：

_____   _____

_____   _____

对有相似问题的每一组学生都花时间观察，你将看到他们行为的改善。

课堂策略34　勇于承认错误

> 教师勇于承认错误，并把这个错误当作一次很好的教学时机，告诉学生，老师也是普通人，这样做对学生有益。

是什么

我们在《改善学生课堂表现的50个方法》一书中描述了两种类型的老师："我总是对的教师"和"我也是一个普通教师"。你是哪一种类型的教师？_____

为什么？_____

完成以下陈述（尽量不要翻看《改善学生课堂表现的50个方法》一书）。

世界上没有所谓_____教师。

最优秀的教师勇于承认自己的_____

你在班上犯错误并承认自己犯错误，就会成为学生的_____

当老师从来都不承认错误，学生就认为：_____

当老师承认错误，学生就认为：_____

可以是什么

有时候你会故意犯错，让学生去找吗？如果是，你是如何做的，如何向学生表明你的意图的？描述一个例子。

_____

_____

举出三个在教学中你无意犯的错误，并描述"我也是一个普通教师"会如何回答或应对。

错误 1：_____

"我也是一个普通教师"的精彩回答：_____

_____

错误 2：_____

"我也是一个普通教师"的精彩回答：_____

_____

错误 3：_____

"我也是一个普通教师"的精彩回答：_____

_____

实现它

在学生面前承认错误就会教育学生：成熟的人应当承认错误，改正错误，从错误中学习，而不是为错误辩护，拒绝承认错误，责怪别人，或者避开错误不谈。

想一想其他的承认错误比为错误辩护更有益的情景。跟你的同事一起，对下面的情景计划一个合适的应对方案。

一个学生的父亲走进教室，给你看他的证据，说你计算错了他孩子的数学考试分数，孩子的分数应当更高——你的确计算错了。

你的校长走进教室告诉你，他今天早上注意到你没有值班，有的学生在吵架。事实是，昨天晚上你因为批改作业睡得很晚，今天早上没来得及去值班。

在一次家长会上，一个学生的父亲指着他孩子的"个人教育计划"说，你本来应该花些时间指导孩子考试。他说，他的孩子说你没有做这件事。事实是，你不知道"个人教育计划"包括这项任务，但你应该知道。

校长助理路过你的班级时顺便停下来查看了一下。现在她要跟你说说你的上课情况。她说，很明显你没有事先备课，你似乎是将课文内容临时堆在一起讲。她说得对。

课堂策略35　眼神交流的重要性

> 积极的眼神交流表明,你珍重学生。如果没有眼神交流,学生将出现更多的不当行为。

是什么

我们在《改善学生课堂表现的50个方法》一书中建议教师每天都要跟每一个学生进行直接的眼神交流。这样做或者想象自己这样做,感觉如何（或者你认为会感觉如何）?

很舒服,我擅长跟每个人进行眼神交流。

无所谓舒服,大多数时间我会跟人眼神交流。

不太舒服,几个学生除外。

非常不舒服。

讨论一下我们在《改善学生课堂表现的50个方法》一书中提到的三种不同类型的眼神交流的区别:积极的眼神交流、严肃的眼神交流和消极的眼神交流。与同事一起给每种眼神交流下个定义。

积极的眼神交流: _____

这种眼神交流教给学生什么? _____

严肃的眼神交流: _____

这种眼神交流教给学生什么? _____

消极的眼神交流: _____

这种眼神交流教给学生什么? _____

你通常使用哪种类型的眼神交流？

    积极的眼神交流   *严肃的眼神交流*

    消极的眼神交流   *无眼神交流*

当你用消极的眼神交流或者严肃的眼神交流时，学生通常的反应会是你所期望的吗？学生改掉了不良行为吗？为什么改掉了？为什么没有改掉？

_____

_____

可以是什么

如果你每天都要跟每一个学生进行积极的眼神交流，你和学生会有什么结果？

与学生的关系：_____

学生眼神交流的技巧：_____

学生行为不当问题：_____

什么时间是跟学生进行积极眼神交流的最佳时间？列出来，并跟你的同事讨论。

例子：当学生进入教室时_____

_____

_____

实现它

制订一个计划。描述三个能够在课堂上提高你跟学生进行积极眼神交流的具体实践。

1. _____

2. _____

3. _____

当学生有不当行为时，我不会使用消极的眼神交流。相反，我会做出如下反应：

_____

_____

_____

_____

· Seeing Eye to Eye

课堂策略36 请充实你的课堂

> 当你充实每一节课堂，让学生参与进来，学生就没有时间违反纪律。

是什么

当学生说他完成了你布置的任务，还有剩余时间无事可做，你的典型反应是什么？

1. 我已经计划好了另一个跟这个主题有关的活动，并且还有一个备用的活动。

2. 我准备好了书和杂志，单词猜谜，很多兴趣活动让学生做。

3. 我告诉他们读一些图书馆借来的书，做家庭作业，或者预习下一章。

4. 让他们画画，跟其他已经完成作业的学生轻声交流，或者做他们想做的，但不许说话。

我们在《改善学生课堂表现的50个方法》一书中建议教师以学生为中心设计课堂教学。这是什么意思？跟其他两位同事商量，确定一个定义。

以学生为中心的课堂教学是：

_____

你的课堂是以学生为中心吗？达到什么程度？

    总是   经常   有时候   极少

一般来讲，你课堂的哪一部分属于教师讲解？

    几乎整个课堂   大部分课堂

    部分课堂   学生大部分时间讨论

你让学生进行小组合作吗？

    总是   经常   有时候   极少

在一节50分钟的课堂上，你计划了多少次的活动或小组活动？

整个课堂只做一件事情

一半时间做一件事，另一半时间做另一件事

在一节课上进行三四个小的活动

可以是什么

根据你前面的回答，在课堂设计方面，哪些领域你已经做得很好？

_____

_____

_____

作为一名教师，还有哪些领域需要改进或者改善？

_____

_____

_____

是否还有其他教学技巧来帮助老师充实课堂教学？

1. _____

2. _____

3. _____

实现它

先描述一下你不久将要教的三节课。然后，使用"学生将……"

的格式，重新写下你的教学目标。

第一节课。简单描述：

_____

用学生行为重新描述课程目标：学生将_____

第二节课。简单描述：

_____

用学生行为重新描述课程目标：学生将_____

第三节课。简单描述：

_____

用学生行为重新描述课程目标：学生将_____

为什么这是一个强有力的备课与教学的方法？跟你的同事商量一下你的答案。

_____

_____

_____

_____

课堂策略37　微笑，微笑，微笑吧

> 　　一天到晚都对学生微笑的教师发现，学生不良行为的发生更少。

是什么

在一天的教学中，你大约微笑的时间是多少？

　　0%~20%　　21%~40%　　41%~60%　　61%~80%　　81%~100%

如果你的答案是60%或者更少，解释一下是什么原因阻止你微笑。如果你的答案是61%或者更多，解释一下是什么原因让你这么经常地微笑。

_____

_____

可以是什么

对于下面的陈述，对的打勾，错的打叉。

_____ 我是学习并规划后，成为一名教师。

_____ 我工作努力，对得起教师这份工资。

_____ 我改变其他人的生活。

_____ 作为一名教师，我能够影响一些决策、结果和某些事情。

_____ 每天都不一样，所以并不觉得工作无聊。

· Smile, Smile, Smile!

_____ 孩子和家长都依靠我指导、帮助、支持，并提供某些主意。

_____ 为了一个共同的目标，我和其他专业人士一起工作。

_____ 我有很多很长的假期。

_____ 我工作的时间越长，学到得越多，挣得也越多。

_____ 我每天都和幸福的、具有上进心的、有时候又特别有趣的年轻人在一起。

_____ 我有足够的证据表明"痛苦的老师容易变老"。

_____ 经常微笑的老师比我更幸运，生活得更幸福。

_____ 我希望我遇到的专业人士（医生、护士、理发师、牙医、顾客服务代表、汽车修理工等等）在跟我打交道时要友好、和蔼。

_____ 经常微笑的人即使得不到别人的微笑，也会继续微笑。

除了以上列出的原因外，再列出八个每天必须微笑的原因——在工作或生活中（例如，你有一个健康的身体，你有一个可爱的家庭，等等）。

1._____

2._____

3._____

4._____

5. _____

6. _____

7. _____

8. _____

在教学时，什么原因导致你在大多数情况下不能够微笑？

_____

_____

如果你的回答是，我现在不喜欢当教师，或者你真的不喜欢你的学生，那么下一步该怎么办？你自己、你的学生、你的职业应该得到什么？

_____

_____

实现它

我们在《改善学生课堂表现的50个方法》一书中指出，在教学中，教师的微笑在很多场合都带来重大的转变。根据下面的清单，排出顺序，你将按照此顺序有意识地每天向学生多微笑。

_____ 微笑着问候学生。

_____ 微笑着开始一堂课。

_____ 微笑着鼓励学生做作业。

_____ 当学生做对了事情时，微笑着感谢他们。

_____ 当学生放学离开教室时，微笑着面对每一个学生。

在某一天试着做一做！微笑到你的脸都疼了！一直都微笑。在那一天，记下你的感受，观察一下学生身上的变化。注意那一天结束时的感受。学生和老师对你做何评价？你是面无表情地微笑吗？怒视着微笑吗？不快乐地微笑吗？眼睛无神地微笑吗？那种感觉又如何？

我的微笑日记：

_____

_____

_____

_____

_____

课堂策略38 以"课堂紧迫感"教学

> 教师要把每一堂课的紧迫性、重要性以及令人感到激动的地方传达给学生，并且抓住学生的注意力。

是什么

一位客观的观察者会如何评价你的一堂课？请将符合你的描述圈出。

投入	激励	有趣	打哈欠
很努力	枯燥乏味	抓住学生注意力	惊喜
以学生为中心	组织有序	简单易懂	传统
聪明	不同	意想不到	难懂
典型	速度慢		

还有没有其他单词描述你的课堂？（尽量诚实、公正）

_____   _____   _____

_____   _____   _____

可以是什么

花一分钟时间想一想电视商业广告或者电视购物频道。即使你不想购买这个商品，但却让你一直看下去并了解更多，它有什么主要特点？考虑一下这些电视商业广告的特点，并把它们用到课堂教学中。

电视商业广告的特点	应用到我的课堂教学
视觉上非常具有吸引力	我在备课时，可以包含更多的视觉要素，来突出重点。
演讲者直视镜头，对我说话	
声音清晰，语调让人感到温暖，且充满对产品的激情	
信息不断重复	
简单的陈述句，使用形容词	
让你感觉自己需要这个产品	

实现它

列出五个具体技能、策略或者行为，使你可以将课程的紧迫性、重要性以及令人感到激动的地方传达给学生。

1. _____

2. _____

3. _____

4. _____

5. _____

本周设计一堂"商业广告式课"。仔细计划并练习有关细节、语言、介绍、活动。将电视广告的特点应用到你的课堂中，并展示出你的热情。然后，讲授这堂课。注意一下学生的注意力、反应和内容掌握程度的变化。跟一位也想采用此方法的同事分享你的经验、观点和结果。

我的商业广告式课是：_____

_____

我展现紧迫性的方式将是：_____

_____

我传递课程振奋人心的方式将是：_____

_____

我抓住学生注意力的方式将是：_____

_____

我重复使用的重要单词和短语将是：_____

_____

我的视觉材料将包括_____

_____

我的肢体语言将包括_____

_____

学生的活动将包括_____

还有，_____

_____

还有，_____

_____

结束这堂课时（使产品销售成功），我将_____

_____

课堂策略39　让课堂内容变得容易消化和吸收吧

> 　　将每个学习技巧和行为目标分成几个简单可行的步骤，这样学生就容易提高成绩，容易成功。

是什么

　　如果一名学生还不会写一个句子，而你正在讲授段落写作，你会让这个学生进行段落写作的活动吗？（将此理念应用于所有领域。）解释一下你是怎么做的，为什么你要这么做？

_____

_____

　　你布置给学生的任务，他们都有能力完成吗？或者你事先就知道某些学生根本就不可能成功完成某项任务？请解释。

_____

_____

　　即使某个任务所有学生都有能力完成，但你是否发现，有时候如果你不将这个任务分解成若干小部分，学生做起来特别艰难？

_____

_____

　　　　　　　　　　　·Make it Doable and Chewable

即使知道某堂课超出某些学生的水平，你是否还是会给所有学生讲授？为什么会？为什么不会？

_____

_____

_____

可以是什么

你给学生布置了一项任务，学生感到很难完成。你本应该怎么布置任务，从而让所有学生更容易完成任务，且更容易消化？

_____

_____

我们在《改善学生课堂表现的50个方法》一书中建议对学生的不当行为制定一个小的但可以完成的目标。使用书中的建议，为行为不当的学生制订一个计划。加上你自己的步骤或者观点！

目标：我想让艾伦停止无秩序的讲话，但她非常活跃，每天违反纪律的讲话多达20至30次。

步骤：_____

_____

目标：我想在今年剩余的时间提高学生的按时出勤率。现在，只有两名学生天天按时出勤，而且现在都十月份了！

步骤：_____

_____

目标：我想让约书亚在上课时至少在座位上一次坐20分钟。现在，每20分钟他都起来8~10次。

步骤：_____

_____

实现它

请在下方制订一个培养学生学习技能的计划、两个改善学生课堂表现的计划，保证计划可行，且学生容易吸收消化。

提高学习技能的目标：

首先，我将_____

_____

然后_____

_____

下一步_____

_____

改善学生行为表现的目标：

首先，我将_____

_____

然后_____

· Make it Doable and Chewable

下一步 _____

改善学生行为表现的目标：

首先，我将 _____

然后 _____

下一步 _____

将你的计划与你的同事分享。寻找新的观点和信息反馈，补充不完善的步骤，循序渐进地走向成功。

当学生朝着目标奋斗时，当学生取得一个又一个成功时，你的感受是怎样的？

_____

_____

_____

_____

让课堂内容变得容易消化和吸收吧·

课堂策略40　当着别人的面夸奖学生

当着别人的面夸奖你的学生，或者告诉学生你在别人面前夸奖了他们，这样，学生的行为将得到改善。

是什么

你能列出六次在别人面前夸奖你教的班级吗？

我因为＿＿＿＿＿＿＿＿向＿＿＿＿＿＿＿＿夸奖了我教的班级。

我因为＿＿＿＿＿＿＿＿向＿＿＿＿＿＿＿＿夸奖了我教的班级。

我因为＿＿＿＿＿＿＿＿向＿＿＿＿＿＿＿＿夸奖了我教的班级。

我因为＿＿＿＿＿＿＿＿向＿＿＿＿＿＿＿＿夸奖了我教的班级。

我因为＿＿＿＿＿＿＿＿向＿＿＿＿＿＿＿＿夸奖了我教的班级。

我因为＿＿＿＿＿＿＿＿向＿＿＿＿＿＿＿＿夸奖了我教的班级。

现在列出优秀学生的名单，你因为他们做过的事情或者优秀品质而在别人面前夸奖他们。你能列出六个吗？

我因为＿＿＿＿＿＿向＿＿＿＿＿＿夸奖了＿＿＿＿＿＿

我因为＿＿＿＿＿＿向＿＿＿＿＿＿夸奖了＿＿＿＿＿＿

我因为＿＿＿＿＿＿向＿＿＿＿＿＿夸奖了＿＿＿＿＿＿

我因为＿＿＿＿＿＿向＿＿＿＿＿＿夸奖了＿＿＿＿＿＿

·Brag About Them to Others

我因为＿＿＿＿＿＿＿向＿＿＿＿＿＿＿夸奖了＿＿＿＿＿＿＿

我因为＿＿＿＿＿＿＿向＿＿＿＿＿＿＿夸奖了＿＿＿＿＿＿＿

在以上两类问题中，你是否很难举出六个例子？或者，如果有更多的空，你能列出更多例子吗？反思一下你的答案，你的答案对你使用表扬这个技巧说明了什么？

＿＿＿＿＿＿＿＿＿＿＿＿＿＿＿＿＿＿＿＿＿＿＿＿＿＿＿＿

＿＿＿＿＿＿＿＿＿＿＿＿＿＿＿＿＿＿＿＿＿＿＿＿＿＿＿＿

＿＿＿＿＿＿＿＿＿＿＿＿＿＿＿＿＿＿＿＿＿＿＿＿＿＿＿＿

你是否需要提高夸奖学生的频率？夸奖学生并让学生知道你夸奖了他们。在你回顾你的夸奖清单时，你想到了什么？你向谁夸奖了你的班级和学生？你夸奖他们什么了？你如何让你的学生知道你夸奖了他们？你是否不擅长使用这个技巧？

＿＿＿＿＿＿＿＿＿＿＿＿＿＿＿＿＿＿＿＿＿＿＿＿＿＿＿＿

＿＿＿＿＿＿＿＿＿＿＿＿＿＿＿＿＿＿＿＿＿＿＿＿＿＿＿＿

＿＿＿＿＿＿＿＿＿＿＿＿＿＿＿＿＿＿＿＿＿＿＿＿＿＿＿＿

可以是什么

列出你教的五个学生的名字，写出你能够夸奖他们的理由。

学生名字　　　　　　　　夸奖他们的理由

＿＿＿＿＿＿＿＿＿＿＿＿＿＿＿＿＿＿＿＿＿＿＿＿＿＿＿＿

＿＿＿＿＿＿＿＿＿＿＿＿＿＿＿＿＿＿＿＿＿＿＿＿＿＿＿＿

_____ _____

_____ _____

_____ _____

什么人给你提供夸奖学生的机会？除了以下各项外，列出你们学校或者社区给你提供夸奖学生机会的具体人。

- 和我一起工作的助教
- 教同年级的老师
- 跟学生一起学习的阅读专家
- 校长

其他人：

_____ _____

_____ _____

实现它

为下周的教学制订一个具体的计划。列出四件你将夸奖整个班级的事情。列出四件你将夸奖某个学生的事情。列出四件你将向同事、父母或者校长夸奖某个同事的事情。

我将因为……而夸奖我的整个班级

1. 因为_____向_____

2. 因为_____向_____

3. 因为_____向_____

4. 因为_____向_____

我将因为……而夸奖我的学生

姓名＿＿＿＿＿＿＿＿＿＿＿＿＿＿＿＿＿＿＿因为＿＿＿＿＿＿＿＿＿＿＿＿＿＿＿＿＿＿

姓名＿＿＿＿＿＿＿＿＿＿＿＿＿＿＿＿＿＿＿因为＿＿＿＿＿＿＿＿＿＿＿＿＿＿＿＿＿＿

姓名＿＿＿＿＿＿＿＿＿＿＿＿＿＿＿＿＿＿＿因为＿＿＿＿＿＿＿＿＿＿＿＿＿＿＿＿＿＿

姓名＿＿＿＿＿＿＿＿＿＿＿＿＿＿＿＿＿＿＿因为＿＿＿＿＿＿＿＿＿＿＿＿＿＿＿＿＿＿

我将因为＿＿＿＿＿＿＿＿＿＿＿＿＿＿＿＿＿＿＿＿＿＿＿＿＿＿＿＿＿＿＿＿＿＿＿＿＿

夸奖我的同事＿＿＿＿＿＿＿＿＿＿＿＿＿＿＿＿＿＿＿＿＿＿＿＿＿＿＿＿＿＿＿＿＿＿

我将因为＿＿＿＿＿＿＿＿＿＿＿＿＿＿＿＿＿＿＿＿＿＿＿＿＿＿＿＿＿＿＿＿＿＿＿＿＿

夸奖我的同事＿＿＿＿＿＿＿＿＿＿＿＿＿＿＿＿＿＿＿＿＿＿＿＿＿＿＿＿＿＿＿＿＿＿

我将因为＿＿＿＿＿＿＿＿＿＿＿＿＿＿＿＿＿＿＿＿＿＿＿＿＿＿＿＿＿＿＿＿＿＿＿＿＿

夸奖我的同事＿＿＿＿＿＿＿＿＿＿＿＿＿＿＿＿＿＿＿＿＿＿＿＿＿＿＿＿＿＿＿＿＿＿

我将因为＿＿＿＿＿＿＿＿＿＿＿＿＿＿＿＿＿＿＿＿＿＿＿＿＿＿＿＿＿＿＿＿＿＿＿＿＿

夸奖我的同事＿＿＿＿＿＿＿＿＿＿＿＿＿＿＿＿＿＿＿＿＿＿＿＿＿＿＿＿＿＿＿＿＿＿

当你慷慨地夸奖你的学生和你的同事时，你的感觉如何？

＿＿＿

＿＿＿

＿＿＿

课堂策略41　转移学生的注意力

> 当学生正在进行一个错误行为或者有潜在错误行为时，优秀教师常常使用转移注意力的方法纠正学生的错误。

是什么

当你在上课时，你看见一个问题将要发生，或者已经发生，你会怎么办？

_____

_____

请描述一下在你班级课堂上实际发生的一个问题。

_____

_____

在处理这个问题时，你是否保持冷静、积极乐观，没有和学生发生不和？如果是这样，那就太好了。如果不是，你认为你的方法是否需要改善？

_____

_____

在教学中，你是否使用转移注意力的方法？我们在《改善学生课堂表现的50个方法》一书中列出了几个很多老师都采用的方法。和两三个同事一起讨论，列出你转移学生注意力的技巧。

- 叫学生的名字，用一个问题或者一个有趣的事件转移学生的注意力。

- 中断学生的某个不良行为，让他做其他的事情。
- 提供一个积极的陈述或者表扬，使学生没有防卫心理，转移学生的注意力。

- _____
- _____
- _____

可以是什么

读一下下面的班级情景。作为教师，写一个方法，分散学生的注意力，防止类似问题发生。

卡西迪是班上最爱管事的学生。维多利亚和凯特琳是两个非常成熟的女学生，而且是最好的朋友。很显然，她们今天来班级前吵架了，因为她们相互怒视对方，向对方摇头，瞪眼睛，等等。班上的其他学生该干啥干啥，都不理她们。你也想忽略她们，因为你认为这是个人问题，你相信她们以后能处理好。但是卡西迪却忍不住了。她全力关注维多利亚和凯特琳，并低声问她们："你们两个怎么了？发生什么事了？"尽管两个女孩忽视她，卡西迪的声音却越来越大，并开始向她俩挪动椅子。

你该如何分散卡西迪的注意力并让全班学生集中精力听课？

_____

_____

露西很容易分散注意力，常常想其他事情。现在，她正坐在椅子上，眼睛盯着附近的窗户，将她的头发快速地缠到她的手指上，一圈又一圈。她的另一个手拿着铅笔，但很显然，她的心没有在教室里正在进行的历史考试上。露西脾气暴躁，很容易发火。她喜欢创造戏剧性的行为，以便吸引学生的注意力。凡是指出她缺点的人，她能够很快指出这个人的缺点。其他人都在静静地考试。

你如何让露西的注意力重新回到考试上而不打扰其他人考试，或者不惹露西发火？如果惹她发火，当然会打扰别人的考试。

_____

_____

实现它

现在轮到你了。在下面的空格内，描述两件你在班上遇到的麻烦事。与你的同事或者同伴一起列出如何用分散注意力的方式解决这两个问题，然后进行比较、讨论。

情景1：_____

_____

分散注意力策略_____

_____

情景2：_____

_____

分散注意力策略_____

_____

课堂策略42　改变学生的思考方式

> 如果教师改变学生对学习的固有的负面想法，并展示给他们所学知识是有用的，那么学生就想要学习。

是什么

举出几个学生对学习的负面想法，题目如下：

例如，数学课，分数单元：<u>分数真的很难学，数学是门愚蠢的课。</u>

读社会学的某一章：_____

在课堂上记笔记：_____

为了考试学习：_____

作文的问题：_____

阅读：_____

体育课：_____

家庭作业：_____

请你再举两个例子：

_____

_____

你是否对学生说过这样的话："你需要知道这个，因为这在生活中很重要。"_____如果说过，这是否是一个鼓励学生学习的好方法？

_____

_____

可以是什么

选择上面提到的两个负面想法。为每一个负面想法做出解释。尝试一些方法，让学生对学习的内容产生兴趣，并认为它与生活是密切相关的。

例如，数学是门愚蠢的课。"分数几乎是我们做任何事情的基础。钱分为整数和分数（25分、5角、1角、5分、1分）。你总是将甜点、比萨、三明治和其他食品分成均匀的几份。篮球比赛平均分也涉及到分数。譬如，在篮球比赛中，3/10是指十个投球命中三个。"

负面想法 1：_____

_____

你的相关解释：_____

_____

负面想法 2：_____

_____

你的相关解释：_____

_____

实现它

下一次，当你听到类似的话时，你会怎么说？

举出三个最近你布置给学生但引起学生抱怨的任务。写出相关的解释，这样下次遇到时你便有了应对的方法。帮助学生学会对这些事情采用不同的思考方式。

第一个抱怨：＿＿＿＿＿＿＿＿＿＿＿＿＿＿＿＿＿＿＿＿＿

下次听到时，我会说：

＿＿＿＿＿＿＿＿＿＿＿＿＿＿＿＿＿＿＿＿＿＿＿＿＿＿＿＿

第二个抱怨：＿＿＿＿＿＿＿＿＿＿＿＿＿＿＿＿＿＿＿＿＿

下次听到时，我会说：

＿＿＿＿＿＿＿＿＿＿＿＿＿＿＿＿＿＿＿＿＿＿＿＿＿＿＿＿

第三个抱怨：＿＿＿＿＿＿＿＿＿＿＿＿＿＿＿＿＿＿＿＿＿

下次听到时，我会说：

＿＿＿＿＿＿＿＿＿＿＿＿＿＿＿＿＿＿＿＿＿＿＿＿＿＿＿＿

课堂策略43　把潜在的问题扼杀在萌芽中

优秀教师常常快速地处理掉学生出现的小的行为问题，这样就避免了后来的大麻烦。

是什么

举出你的班级发生的三个开始是小问题后来发展成大问题的例子。解释一下每个小问题发生的情况，你认为这些小问题为什么会升级为大问题。

情形 1: _____

_____

情形 2: _____

_____

情形 3: _____

_____

可以是什么

1. 举出一些在你教学中你实际处理的一些严重的行为问题。

2. 指出那些不太严重但可能升级为严重问题的问题。

3. 最后，对这些不太严重的问题按照下列情形表明自己的反应：

代码 I : 我忽视它。

    W : 它不值得我花时间去处理。

    N : 我处理了，并把它扼杀在摇篮里。

    S : 我没有看见或者不知道这件事。

举例：

严重行为：在课间休息时发生了一场严重的打架。那天早些时候，在走廊里，帕特里克轻轻地碰了一下詹姆斯。课间休息时，詹姆斯说帕特里克是失败者，因为他让其他队在足球赛时得分了。帕特里克大为发火，两个人大干了一场。

导致这个问题的不太严重的行为：对有些人来说，轻轻地碰一下不算什么。但是，我了解这两个男生，我有种感觉，肯定要发生严重的问题。

反应：代码I：我看见了，但是我忽视它，因为我们已经晚了，而且我还有其他事情要做。

- 严重的行为：＿＿＿＿＿＿＿＿＿＿＿＿＿＿＿＿＿

＿＿＿＿＿＿＿＿＿＿＿＿＿＿＿＿＿＿＿＿＿＿＿＿＿＿

导致这个问题的不太严重的行为：

反应：代码＿＿＿＿＿＿：＿＿＿＿＿＿＿＿＿＿＿＿＿

- 严重的行为：＿＿＿＿＿＿＿＿＿＿＿＿＿＿＿＿＿

＿＿＿＿＿＿＿＿＿＿＿＿＿＿＿＿＿＿＿＿＿＿＿＿＿＿

导致这个问题的不太严重的行为：

反应：代码＿＿＿＿＿＿：＿＿＿＿＿＿＿＿＿＿＿＿＿

实现它

列出十个开始是小问题但有可能变成大问题的问题。写出下次再遇到这些问题时，应该如何将它们扼杀在萌芽中。

学生小的行为问题　　　　　下次我会

1. _____　_____

2. _____　_____

3. _____　_____

4. _____　_____

5. _____　_____

6. _____　_____

7. _____　_____

8. _____　_____

9. _____　_____

10. _____　_____

将你的三个计划与你的同事分享。你们两个遇到过学生类似的行为问题吗？关于如何将小问题扼杀在萌芽中，你是否有新的想法？

_____

_____

课堂策略44　照亮学生的梦想

> 如果教师知道每个学生的梦想和追求的目标，那么学生的学习成绩和行为表现都会更好。

是什么

举出你班级的15个学生。在他们的名字后面，写出他们的梦想和抱负。

　　　　　学生名字　　　　　　　　　梦想或者抱负

1.＿＿＿＿＿＿＿＿＿＿　　＿＿＿＿＿＿＿＿＿＿＿＿

2.＿＿＿＿＿＿＿＿＿＿　　＿＿＿＿＿＿＿＿＿＿＿＿

3.＿＿＿＿＿＿＿＿＿＿　　＿＿＿＿＿＿＿＿＿＿＿＿

4.＿＿＿＿＿＿＿＿＿＿　　＿＿＿＿＿＿＿＿＿＿＿＿

5.＿＿＿＿＿＿＿＿＿＿　　＿＿＿＿＿＿＿＿＿＿＿＿

6.＿＿＿＿＿＿＿＿＿＿　　＿＿＿＿＿＿＿＿＿＿＿＿

7.＿＿＿＿＿＿＿＿＿＿　　＿＿＿＿＿＿＿＿＿＿＿＿

8.＿＿＿＿＿＿＿＿＿＿　　＿＿＿＿＿＿＿＿＿＿＿＿

9.＿＿＿＿＿＿＿＿＿＿　　＿＿＿＿＿＿＿＿＿＿＿＿

10.＿＿＿＿＿＿＿＿＿＿　　＿＿＿＿＿＿＿＿＿＿＿＿

11. _____   _____

12. _____   _____

13. _____   _____

14. _____   _____

15. _____   _____

通过你知道学生的梦想或者抱负的数量，来给自己打分。

如果你知道学生的梦想或者抱负的数量是：

● 12~15个学生：你很优秀！你跟学生的关系非常好，学生很少有行为问题。你是如何了解学生的？请跟你的同事分享你的策略。

_____

_____

_____

● 8~12个学生：你跟学生的关系比较好！哪些学生你需要了解得更多？

_____

_____

_____

● 4~8个学生：你对学生有大概的了解。他们容易了解吗？这些学生愿意跟你分享他们的经历、梦想或者抱负吗？你如何了解所有的学生？

_____

· Discover the Beams of Their Dreams

_____

_____

● 0~4个学生：这是一个你应该使用的重要教学策略。如果你对你所教的学生了解得更多，就会更喜欢自己，更喜欢你的学生，更喜欢你的工作。从什么地方开始呢？

_____

_____

_____

可以是什么

想象一下，你是一名教师，私下里梦想着获得更高的学位，但你没有告诉任何人。一旦这些人（校长或者同事）知道你的梦想，并积极地鼓励你、支持你、帮助你实现你的梦想，你的感觉会是如何呢？

一旦你告诉某个有能力帮助你、支持你实现你的梦想的人，你的梦想会多大可能实现呢？

如果你知道你的学生的梦想，并鼓励他们实现自己的梦想，他们可能会做出什么反应呢？

实现它

你所有的学生都有梦想、观点、抱负。列出八个了解学生的方法，以后几个星期你将使用这些方法了解学生的梦想和抱负。

1. _____

2. _____

3. _____

4. _____

5. _____

6. _____

7. _____

8. _____

· Discover the Beams of Their Dreams

课堂策略45　肢体语言，你注意到了吗

优秀教师总是非常注意自己的肢体语言，因为肢体语言表达的意思比话语要多得多。

是什么

将下列肢体语言和所表达的意识进行匹配：

1. 胳臂交叉在胸前。

a. 对谈话不感兴趣。

2. 靠在椅子上，双臂张开。

b. 舒适、开放、欢迎。

3. 坐在椅子上身子前倾，头倾斜。

c. 仔细听，对所说的内容持开放的态度，舒适。

4. 有点紧张，笔直地站着。

d. 害怕，施加影响力。

5. 站着，膝盖微微弯曲，胳臂靠在门上。

e. 认真听，猜想对方要讲什么。

6. 在谈话的时候双腿交叉坐着

f. 防卫型，不愿意与对方诚实交流。

7. 在听别人讲话，手托下巴眼睛闭着，长长地叹一口气。

g. 不舒服，等待最坏的消息。

8. 站得比别人高，身子前倾跟他们谈话。

h. 假装听，沮丧，受挫。

（最佳答案：a= 6，b= 2，c=3，d=8，e=3，f =1，g=4，h=7）

描述一下，当你的学生在班上表达出以下情感时，他们所使用的肢体语言（不说一句话）。

厌烦：

_____   _____

_____   _____

感兴趣：

_____   _____

_____   _____

困惑/不理解：

_____   _____

_____   _____

紧张：

_____   _____

_____   _____

刚刚明白（你教的概念）：

_____   _____

_____   _____

担心或者害怕（作业或者考试）：

_____   _____

_____   _____

· Work that Body Language!

有信心：

_____　　　　_____

_____　　　　_____

正像我们在《改善学生课堂表现的50个方法》一书中所提到的，你是否被学生家长指责过你没有对孩子说过的话？简单描述一下那个事件。

_____

_____

在你的头脑中过一遍那个事件，回忆你的肢体语言。
是否有可能你的肢体语言无意识地或者下意识地说了什么？
你使用什么肢体语言"说了"那些事情？

_____

_____

可以是什么

你可能用肢体语言下意识地向你的学生传达了那个无意的信息。

我们在《改善学生课堂表现的50个方法》一书中建议了几种监控肢体语言或者学习如何使用肢体语言的方法。下面的建议哪个更适合你？

1. 关注肢体语言：给你的教学录像，关掉声音，私下里自己看录像。你使用了什么肢体语言？对你的手、胳臂、肩膀、表情、头倾斜、叹气等动作列出清单。

2. 关注面部表情：给你的教学录像，关掉声音，私下里自己看录像。只关注你的面部表情。数一数你微笑的次数，皱眉的次数，跟学生进行眼神交流的次数，嘴的表情（鬼脸、张开嘴唇、咬紧嘴唇等）。

3. 选择某节具体课，监控你的肢体语言。回忆一下这节课你在教学时使用的肢体语言。在课后，迅速地写下你使用的肢体语言，并写下你传达的信息。考虑一下，什么会让你停止某种肢体语言，开始使用某种肢体语言，继续使用某种肢体语言。

4. 邀请一位同事来教室观察你的肢体语言。请他客观准确地记录下你使用的肢体语言、面部表情、动作和由这些传递的信息。分析你的同事提供的记录。

实现它

从以上四个策略中选择一个。制订一个计划，以便在使用肢体语言和传递信息时更有意识。跟你的一个朋友分享这个计划，并在完成这个计划后跟你的这位朋友一起讨论。

肢体语言使用计划

你从上面四个策略中选择哪一个使用？ _____

你什么时候做？日期：_____ 时间：_____ 课程／班级：_____

你为什么选择那节课／那个日期／那个班级？ _____

你如何收集数据？ _____

你跟谁讨论你了解的情况？ _____

什么时间？ _____

在哪里？ _____

课堂策略46　时刻保持最好的状态

> 每天都积极乐观、全身心投入教学是教师的职业职责。

是什么

对下面符合你的描述，请画圈。

- 我每天都微笑着来工作，态度积极乐观……

  我尽量，但很难

  有时候能做到，当我心情好时

  除非特殊情况，我都这样

  每一天都这样，无论心情如何，因为这是我的工作

- 到班上后，我向每一个人问候……

  如果我心情好

  如果他们先说"你好"

  如果我认识他们

  任何情况

- 我非常热心地教学……

  不太经常，因为我有点精疲力竭

  如果班上有聪明天才的学生

  大多数时间，但有时候我的精力下降

  总是如此，我是学生的榜样，我影响学生

- 面对学校、部门、校长和学生的问题，我……

  表示失望

  和其他人说很多应该采取什么措施

  与委员会成员一起努力解决这些问题

  使用自己的影响力，寻找解决办法

如果自己的孩子或者亲属的孩子是学生，你希望他们的老师如何回答以上这些问题？

_____

_____

可以是什么

完成下列描述：

当我竭尽所能成为一名最优秀的老师，每天早上我开车进入学校的停车场时，我会思考：

_____

当我竭尽所能成为一名最优秀的老师，我看见我的同事时，我会说：

_____

当我竭尽所能成为一名最优秀的老师，我在班上的行为和有学生在场的其他场合，我的榜样行为是：

_____

当我竭尽所能成为一名最优秀的老师，我对讲授的课展示出热心，具体方式是：

_____

当我竭尽所能成为一名最优秀的老师，我对别人的负面想法和观点会：

_____

当我竭尽所能成为一名最优秀的老师，来自于工作的疲倦与压力：

_____

当我尽我所能成为最好的老师，学校、学生和家长的问题可以成为什么机会：

_____

实现它

为了成为一个真正的专业教师，请给下列行为排序，1代表你最需要改进的领域，7代表你最不需要改进的领域。

_____ 我每天都面带微笑。

_____ 热情友好地问候我遇到的每一人。

_____ 在我的学生面前，展示合适的行为。

_____ 对教学的一切，是的，一切，都非常热心。

_____ 从不负面评价别人。

_____ 从不抱怨工作压力、同事、学生。

_____ 集中精力解决问题，而不是制造问题。

为了竭尽所能成为一名最优秀的职业教育者，请在你最需要改进的领域写上"我会"：

我会 _____

我会 _____

我会 _____

课堂策略47 让学生稍有"自责感"

> 对于学生的不当行为,老师应当表现失望,而不是愤怒,这样就可以使学生感到自责,而不是报复。

是什么

请和你的几个同事一起讨论这些问题:

● 当你对学生的不当行为表示失望时, 你给学生传递了什么观点?

_____

当你表示愤怒时呢? _____

● 帮助学生对他们的不当行为感到后悔或者自责的可能结果是什么?

_____

但你引起他们的愤怒或者报复呢? _____

你最近处理的某个学生或者班级里三个不当行为是什么?

不当行为   反应

1. _____   _____

2. _____   _____

3. _____   _____

对于每个事件,你将你的反应描述为:

1. 对他们表示愤怒

2. 对他们表示失望

·A little Guilt Trip Goes a Long Way

可以是什么

现在你是专家！对于处理严重的不当行为，回答老师们的问题。解释一下如何利用自责技巧处理问题。

亲爱的专家老师：

昨天放学后，我的学生开始踢足球，有两个学生因为一个学生的脚是否在线内开始争吵。争吵快速升级，先是相互推拉，然后动了拳头。班上的其他学生停止踢足球，开始围观两人打架。七八个孩子也参与了打斗，相互攻击其他队的队员。我特别震惊！我们几乎每天都谈论不要打架，并计划好一旦打架大家应该怎么做。今天我看见学生后，我该怎么说？

（签名）B. 维尔德

亲爱的B. 维尔德：

_____

_____

_____

_____

亲爱的专家老师：

昨天我对学生进行了有关第二次世界大战的历史测试。我在中午午餐休息期间给学生判了卷，对他们的优异成绩感到特别高兴！然后，另一个老师告诉我，说他在餐厅里偶然听见有学生说，班上有大约八位学生考试作弊。我对他们的不诚实表示极大的愤怒！明天我应该跟他们说什么？对这种可恨的行为应当采取何种惩罚措施？

（签字）N. 塞斯德

亲爱的N. 塞斯德：

_____

_____

_____

_____

　　跟你的同事讨论，教师让学生自责和羞辱学生，这两种处理学生行为不当的方法会对学生产生什么不同的影响。使用前面提到的两个例子，讨论自责法和羞辱法的区别。

　　足球比赛打架事件：

　　采用自责法，结果会是：_____

_____

　　采用羞辱法，结果会是：_____

_____

　　历史考试作弊事件：_____

_____

　　采用自责法，结果会是：_____

_____

· A little Guilt Trip Goes a Long Way

采用羞辱法，结果会是：_____

_____

实现它

选择本学期开学时你班级发生的三个不当行为中的其中一个。

事件：_____

好的自责法的反应：_____

不合适的羞辱法的反应：_____

不要过分使用自责法。另外，愤怒的反应永远是行不通的。对于处理学生的不当行为，你还学习了什么其他的技巧？这些技巧行得通吗？为什么行得通？为什么行不通？

_____

_____

_____

_____

_____

_____

课堂策略48　教会学生如何应对压力

非常具体地教给学生应对压力的技巧及压力管理方法，这样学生的行为问题就减少了。

是什么

在应对压力方面，给你的学生打分：

	差	不足	充分	熟练
使用"请"和"谢谢"	1	2	3	4
给予真诚和明确的道歉	1	2	3	4
合适地参与对话	1	2	3	4
加入一个比赛或小组时征询许可	1	2	3	4
深呼一口气，冷静下来，而不是发火	1	2	3	4
优雅地接受道歉	1	2	3	4
合适地进行眼神交流	1	2	3	4
坚定而有礼貌地提出请求	1	2	3	4
承认错误或者表达歉意	1	2	3	4
有礼貌地请人停止做令人发怒、令人发火或伤害人的事	1	2	3	4
采用"我……"的陈述句表明需要什么	1	2	3	4
如果被骂或者被戏弄，采取有效反应的方式	1	2	3	4
如果受到威胁，采取熟练应对的方式	1	2	3	4

· Teach Them to Cope or They'll Create a Way!

	差	不足	充分	熟练
将自己或者其他人介绍给新人	1	2	3	4
将这些技巧教给你学生的努力程度	1	2	3	4
学校在教授这些技巧，并使用这些技巧 为学生做榜样方面，表现如何	1	2	3	4

可以是什么

你是否考虑过真诚道歉的基本组成？

1. 进行眼神交流。

2. 说出那个人的名字。

3. 说："我因为……而道歉。我不应该做……下次我会……请接受我的道歉。"

4. 伸出自己的手和对方握手言和。

你是否考虑过如何应对真诚的道歉？

1. 进行眼神交流。

2. 说："谢谢你,_____（名字）。我接受你的道歉。

3. 如果愿意，与对方握手言和。

如果你教给学生这个简单的技巧，结果可能是什么？

_____

_____

参加一个小组对话或者活动的步骤或者社交规则是什么？从社交角度，请描述加入一个小组时，应该说的话和做的事。

_____

_____

讲授和练习应对压力的一个常用而有效的方法是角色扮演，先扮演错误的角色，再扮演正确的角色。你如何将这个技巧融合到你的教学中?

_____

_____

实现它

从以上你打分的应对压力的清单中，选出一个你认为你的学生缺乏的技巧，因为这个技巧他们没有学过。列出你将要教给他们这个技巧的步骤或方法。

应对压力的关键技巧：

关于这个技巧，我应该讲授什么呢?

1. _____

2. _____

3. _____

4. _____

我利用某一堂课，或者某个方法，将这个技巧教给学生：

_____

将这个技巧融入到我对学生的要求、学生积极行为的奖励制度和课堂文化的方法：

_____

_____

课堂策略49　倾听，倾听，再倾听

> 　　优秀教师总是熟练地采用倾听策略，因为这样能够让学生表达自己的观点，然后自己解决问题。

是什么

当你有问题时，你会向谁诉说？＿＿＿＿＿＿＿＿＿＿＿＿

＿＿＿＿＿＿＿＿＿＿＿＿＿＿＿＿＿＿＿＿＿＿＿＿＿

当你倾诉自己的问题时，你注意到那个人采取了什么样的倾听技巧？＿＿＿＿＿＿＿＿＿＿＿＿＿＿＿＿＿＿＿＿＿＿＿

向一个善于倾听的人诉说完问题后，你的感觉如何？

＿＿＿＿＿＿＿＿＿＿＿＿＿＿＿＿＿＿＿＿＿＿＿＿＿

关于倾听技巧，你认为你的学生会怎么评价你？

　不是一个好的倾听者　　　较好的倾听者　　　优秀的倾听者

可以是什么

　　倾听是一个非常有价值的技巧。它在教师跟学生打交道时起着重要作用。参考我们在《改善学生课堂表现的50个方法》一书中列出的11个倾听技巧，并参考你自己作为一个好的倾听者的经验。

　　描述一位优秀倾听者的肢体语言：＿＿＿＿＿＿＿＿＿＿

＿＿＿＿＿＿＿＿＿＿＿＿＿＿＿＿＿＿＿＿＿＿＿＿＿

描述一位优秀倾听者的话语：＿＿＿＿＿＿＿＿＿＿＿＿＿＿＿＿＿
＿＿＿＿＿＿＿＿＿＿＿＿＿＿＿＿＿＿＿＿＿＿＿＿＿＿＿＿＿＿＿＿

当倾听一个有问题的人的倾诉时，常常解决问题的方案能自动产生。谁更经常发现这个解决方案，是倾听者还是说话者？为什么？

＿＿＿＿＿＿＿＿＿＿＿＿＿＿＿＿＿＿＿＿＿＿＿＿＿＿＿＿＿＿＿＿

＿＿＿＿＿＿＿＿＿＿＿＿＿＿＿＿＿＿＿＿＿＿＿＿＿＿＿＿＿＿＿＿

＿＿＿＿＿＿＿＿＿＿＿＿＿＿＿＿＿＿＿＿＿＿＿＿＿＿＿＿＿＿＿＿

实现它

尝试一下。和你的同伴轮流做一个倾听者和说话者。告诉你的同伴关于你儿时的一个笑话或者尴尬的事。你讲，你的同伴听，不说一句话。然后，你的同伴讲述他的故事，你听，不说一句话。

作为讲话者：

- 当你讲话时，你注意到自己什么？

＿＿＿＿＿＿＿＿＿＿＿＿＿＿＿＿＿＿＿＿＿＿＿＿＿＿＿＿＿＿＿＿

- 有人这么集中精力听你讲，你感觉如何？

＿＿＿＿＿＿＿＿＿＿＿＿＿＿＿＿＿＿＿＿＿＿＿＿＿＿＿＿＿＿＿＿

- 你讲话时，倾听者做了什么？

＿＿＿＿＿＿＿＿＿＿＿＿＿＿＿＿＿＿＿＿＿＿＿＿＿＿＿＿＿＿＿＿

作为倾听者：
- 当你倾听时，你注意到什么？

＿＿＿＿＿＿＿＿＿＿＿＿＿＿＿＿＿＿＿＿＿＿＿＿＿＿＿＿＿＿＿＿

- 你是真的在倾听吗？还是在想其他事情？你脑子里想的什么？

- 全神贯注地倾听某人讲话非常难吗？如果是，如何提高你这方面的能力？

- 你的同伴能够分辨出你是真听还是假装在听？

现在，尝试一下一个高质量的倾听、倾诉及解决问题的方法。这次，告诉你的同伴你经历的一个真实问题，什么问题都行。

- 花两分钟讲述这个问题。
- 讲述完问题后，你的同伴开始使用简单的话，例如："我在听呢。"或者"再多讲一些……"
- 在你明确了问题并提供更多的细节后，倾听者应当复述他听到的，但不提供解决办法。你可以再次确认，或者增加细节。
- 最后，倾听者会说一些如下的话："那么，你认为首先应当做什么？"
- 作为讲话者，你可能会发现，当你明确问题和解释问题时，你自动地开始想出了一些好的解决问题的方法。这个实在是了不起，令人高兴。
- 在5~10分钟的诉说时间里，面对一个好的倾听者，你可能找到了解决问题的好方法，你需要你同伴做的就是倾听，提问题。然后进行角色转换，倾听你同伴的问题。

这个倾听技巧对你的学生有什么帮助？

课堂策略50 只有愚蠢的人才会失去理智

向学生承诺，绝对不对他们大喊大叫，绝对不训斥他们，然后遵守承诺。

是什么

1. 在你们学校的教师队伍中，你能列出多少名朝你大喊大叫的人?

_____

2. 你的名字是否会上别人列出的大喊大叫者名单? _____

如果没有，那就祝贺你。但是，你是否有时候在学生面前失去理智?

_____

3. 一个大喊大叫者对学生塑造的榜样是什么样?

_____

4. 大喊大叫能说明老师什么?

_____

5. 你认为医生、客户服务人员、警察、医疗紧急救助队，或者接待员会像学生让老师发火一样容易发火吗?

_____

6. 当你跟这些人打交道时，你期望他们怎么做？

_____

7. 在其他专业领域，你是惹别人发火的人吗？

_____

8. 当别人在你面前失去理智，尽管他们是专业人士，你是如何看待这个人或者这家公司的（即使是你惹他们发火的）？

_____

可以是什么

我们在《改善学生课堂表现的50个方法》一书中建议要向你的学生承诺：你对学生设定的期望是什么，以及学生可以从你这儿获得什么样的对待——尤其是你不会愤怒地对他们大叫。

你能够做出这个承诺吗？

    很容易   *可能*   *不能，我还没准备这么做*

对你来说，遵守这个承诺容易吗？

没问题；

既然我承诺了，我就要遵守；

可能会很难，但在实践中我会改善；

很难，怀疑自己能否做到

实现它

无论你做出怎样的承诺，或者给他们设定怎样的期望，学生会继续惹你发火，为避免让学生碰着让你发火的"按钮"，首先要知道你发火的按钮是什么。

列出"让教师发火的按钮"清单。

可能的"按钮"：

顶嘴	翻眼睛	脏话	冷漠	不真诚
讽刺	大喊大叫	神经质	亵渎的姿势	冷嘲反驳

我发火的原因：

_____   _____

_____   _____

_____   _____

_____   _____

选出三个会让你发火的原因。列出一个采用新方法的应对计划，当下次你的一个或多个学生惹你发火时，使用这个方法。

我发火的原因：_____

当有人惹我发火时，我将采取的新行为是，我将_____

_____

_____

_____

_____

· Only a Fool Loses His Cool

当有人惹我发火时，我将采取的新行为是，我将_____

_____

_____

_____

_____

当有人惹我发火时，我将采取的新行为是，我将_____

_____

_____

_____

_____

"常青藤"书系—中青文教师用书总目录

书名	书号	定价
特别推荐——从优秀到卓越系列		
★ 从优秀教师到卓越教师：极具影响力的日常教学策略	9787515312378	33.80
★ 从优秀教学到卓越教学：让学生专注学习的最实用教学指南	9787515324227	39.90
★ 从优秀学校到卓越学校：他们的校长在哪些方面做得更好	9787515325637	59.90
★ 卓越课堂管理（中国教育新闻网2015年度"影响教师的100本书"）	9787515331362	88.00
名师新经典/教育名著		
最难的问题不在考试中：先别教答案，带学生自己找到想问的事	9787515365930	48.00
在芬兰中小学课堂观摩研修的365日	9787515363608	49.00
★ 马文·柯林斯的教育之道：通往卓越教育的路径（《中国教育报》2019年度"教师喜爱的100本书"，中国教育新闻网"影响教师的100本书"。朱永新作序，李希贵力荐）	9787515355122	49.80
如何当好一名学校中层：快速提升中层能力、成就优秀学校的31个高效策略	9787515346519	49.00
★ 像冠军一样教学：引领学生走向卓越的62个教学诀窍	9787515343488	49.00
像冠军一样教学2：引领教师掌握62个教学诀窍的实操手册与教学资源	9787515352022	68.00
★ 如何成为高效能教师	9787515301747	89.00
★ 给教师的101条建议（第三版）（《中国教育报》"最佳图书"奖）	9787515342665	33.00
★ 改善学生课堂表现的50个方法（入选《中国教育报》"影响教师的100本书"）	9787500693536	33.00
改善学生课堂表现的50个方法操作指南：小技巧获得大改变	9787515334783	39.00
美国中小学世界历史读本/世界地理读本/艺术史读本	9787515317397等	106.00
美国语文读本1-6	9787515314624等	252.70
和优秀教师一起读苏霍姆林斯基	9787500698401	27.00
快速破解60个日常教学难题	9787515339320	39.90
★ 美国最好的中学是怎样的——让孩子成为学习高手的乐园	9787515344713	28.00
建立以学习共同体为导向的师生关系：让教育的复杂问题变得简单	9787515353449	33.80
教师成长/专业素养		
如何更快地变得更好：新教师90天培训计划	9787515365824	59.90
让每个孩子都发光：赋能学生成长、促进教师发展的KIPP学校教育模式	9787515366852	59.00
60秒教师专业发展指南：给教师的239个持续成长建议	9787515366739	59.90
通过积极的师生关系提升学生成绩：给教师的行动清单	9787515356877	49.00
卓越教师工具包：帮你顺利度过从教的前5年	9787515361345	49.00
★ 可见的学习与深度学习：最大化学生的技能、意志力和兴奋感	9787515361116	45.00
学生教给我的17件重要的事：带给你爱、勇气、坚持与创意的人生课堂	9787515361208	39.80
★ 教师如何持续学习与精进	9787515361109	39.00
从实习教师到优秀教师	9787515358673	39.90
像领袖一样教学：改变学生命运，使学生变得更好（中国教育新闻网2015年度"影响教师的100本书"）	9787515355375	49.00
★ 你的第一年：新教师如何生存和发展	9787515351599	33.80
教师精力管理：让教师高效教学，学生自主学习	9787515349169	28.00
如何使学生成为优秀的思考者和学习者：哈佛大学教育学院课堂思考解决方案	9787515348155	49.90
反思性教学：一个已被证明能让教师做到更好的培训项目（30周年纪念版）	9787515347837	59.90
★ 凭什么让学生服你：极具影响力的日常教育策略（中国教育新闻网2017年度"影响教师的100本书"）	9787515347554	28.00
运用积极心理学提高学生成绩（中国教育新闻网2017年度"影响教师的100本书"）	9787515345680	39.80
可见的学习与思维教学：成长型思维教学的54个教学资源：教学资源版	9787515354743	36.00
★ 可见的学习与思维教学：让教学对学生可见，让学习对教师可见（中国教育报2017年度"教师最喜爱的100本书"）	9787515345000	39.90

书名	书号	定价
教学是一段旅程：成长为卓越教师你一定要知道的事	9787515344478	39.00
安奈特·布鲁肖写给教师的101首诗	9787515340982	35.00
万人迷老师养成宝典学习指南	9787515340784	28.00
中小学教师职业道德培训手册：师德的定义、养成与评估	9787515340777	32.00
成为顶尖教师的10项修炼（中国教育新闻网2015年度"影响教师的100本书"）	9787515334066	35.00
T. E. T. 教师效能训练：一个已被证明能让所有年龄学生做到最好的培训项目（30周年纪念版）（中国教育新闻网2015年度"影响教师的100本书"）	9787515332284	49.00
教学需要打破常规：全世界最受欢迎的创意教学法（中国教育新闻网2015年度"影响教师的100本书"）	9787515331591	45.00
给幼儿教师的100个创意：幼儿园班级设计与管理	9787515330310	39.90
给小学教师的100个创意：发展思维能力	9787515327402	29.00
给中学教师的100个创意：如何激发学生的天赋和特长／杰出的教学／快速改善学生课堂表现	9787515330723等	87.90
以学生为中心的翻转教学11法	9787515328386	29.00
如何使教师保持职业激情	9787515305868	29.00
★ 如何培训高效能教师：来自全美权威教师培训项目的建议	9787515324685	39.90
良好教学效果的12试金石：每天都需要专注的事情清单	9787515326283	29.90
★ 让每个学生主动参与学习的37个技巧	9787515320526	45.00
给教师的40堂培训课：教师学习与发展的最佳实操手册	9787515352787	39.90
提高学生学习效率的9种教学方法	9787515310954	27.80
★ 优秀教师的课堂艺术：唤醒快乐积极的教学技能手册	9787515342719	26.00
★ 万人迷老师养成宝典（第2版）（入选《中国教育报》"2010影响教师的100本书"）	9787515342702	39.00
高效能教师的9个习惯	9787500699316	26.00
课堂教学/课堂管理		
如何设计线上教学细节：快速提升线上课程在线率和课堂学习参与度	9787515365886	49.00
设计型学习法：教学与学习的重新构想	9787515366982	59.00
让学习真正在课堂上发生：基于学习状态、高度参与、课堂生态的深度教学	9787515366975	49.00
让教师变得更好的75个方法：用更少的压力获得更快的成功	9787515365831	49.00
技术如何改变教学：使用课堂技术创造令人兴奋的学习体验，并让学生对学习记忆深刻	9787515366661	49.00
课堂上的问题形成技术：老师怎样做，学生才会提出好的问题	9787515366401	45.00
翻转课堂与项目式学习	9787515365817	45.00
★ 优秀教师一定要知道的19件事：回答教师核心素养问题，解读为什么要向优秀者看齐	9787515366630	39.00
从作业设计开始的30个创意教学法：运用互动反馈循环实现深度学习	9787515366364	59.00
基于课堂中精准理解的教学设计	9787515365909	49.00
如何创建培养自主学习者的课堂管理系统	9787515365879	49.00
如何设计深度学习的课堂：引导学生学习的176个教学工具	9787515366715	49.90
如何提高课堂创意与参与度：每个教师都可以使用的178个教学工具	9787515365763	49.90
如何激活学生思维：激励学生学习与思考的187个教学工具	9787515365770	49.90
男孩不难教：男孩学业、态度、行为问题的新解决方案	9787515364827	49.00
★ 高度参与的线上线下融合式教学设计：极具影响力的备课、上课、练习、评价项目教学法	9787515364438	49.00
跨学科项目式教学：通过"+1"教学法进行计划、管理和评估	9787515361086	49.00
课堂上最重要的56件事	9787515360775	35.00
全脑教学与游戏教学法	9787515360690	39.00
深度教学：运用苏格拉底式提问法有效开展备课设计和课堂教学	9787515360591	49.90
一看就会的课堂设计：三个步骤快速构建完整的课堂管理体系	9787515360584	39.90
如何有效激发学生学习兴趣	9787515360577	38.00
如何解决课堂上最关键的9个问题	9787515360195	49.00

书名	书号	定价
多元智能教学法：挖掘每一个学生的最大潜能	9787515359885	39.90
★ 探究式教学：让学生学会思考的四个步骤	9787515359496	39.00
课堂提问的技术与艺术	9787515358925	49.00
如何在课堂上实现卓越的教与学	9787515358321	49.00
基于学习风格的差异化教学	9787515358437	39.90
★ 如何在课堂上提问：好问题胜过好答案	9787515358253	39.00
★ 高度参与的课堂：提高学生专注力的沉浸式教学	9787515357522	39.90
让学习变得有趣	9787515357782	39.00
★ 如何利用学校网络进行项目式学习和个性化学习	9787515357591	39.90
基于问题导向的互动式、启发式与探究式课堂教学法	9787515356792	49.00
如何在课堂中使用讨论：引导学生讨论式学习的60种课堂活动	9787515357027	38.00
如何在课堂中使用差异化教学	9787515357010	39.90
★ 如何在课堂中培养成长型思维	9787515356754	39.90
每一位教师都是领导者：重新定义教学领导力	9787515356518	39.90
★ 教室里的1-2-3魔法教学：美国广泛使用的从学前到八年级的有效课堂纪律管理	9787515355986	39.90
如何在课堂中使用布卢姆教育目标分类法	9787515355658	39.00
如何在课堂上使用学习评估	9787515355597	39.00
7天建立行之有效的课堂管理系统：以学生为中心的分层式正面管教	9787515355269	29.90
积极课堂：如何更好地解决课堂纪律与学生的冲突	9787515354590	38.00
设计智慧课堂：培养学生一生受用的学习习惯与思维方式	9787515352770	39.00
追求学习结果的88个经典教学设计：轻松打造学生积极参与的互动课堂	9787515353524	39.00
从备课开始的100个课堂活动设计：创造积极课堂环境和学习乐趣的教师工具包	9787515353432	33.80
老师怎么教，学生才能记得住	9787515353067	48.00
多维互动式课堂管理：50个行之有效的方法助你事半功倍	9787515353395	39.80
智能课堂设计清单：帮助教师建立一套规范程序和做事方法	9787515352985	49.90
提升学生小组合作学习的56个策略：让学生变得专注、自信、会学习	9787515352954	29.90
快速处理学生行为问题的52个方法：让学生变得自律、专注、爱学习	9787515352428	39.00
王牌教学法：罗恩·克拉克学校的创意课堂	9787515352145	39.80
让学生快速融入课堂的88个趣味游戏：让上课变得新颖、紧凑、有成效	9787515351889	39.00
★ 如何调动与激励学生：唤醒每个内在学习者（李希贵校长推荐全校教师研读）	9787515350448	39.80
合作学习技能35课：培养学生的协作能力和未来竞争力	9787515340524	59.00
基于课程标准的STEM教学设计：有趣有料有效的STEM跨学科培养教学方案	9787515349879	68.00
如何设计教学细节：好课堂是设计出来的	9787515349152	39.00
15秒课堂管理法：让上课变得有料、有趣、有秩序	9787515348490	49.00
混合式教学：技术工具辅助教学实操手册	9787515347073	39.80
从备课开始的50个创意教学法	9787515346618	39.00
中学生实现成绩突破的40个引导方法	9787515345192	33.00
给小学教师的100个简单的科学实验创意	9787515342481	39.00
老师如何提问，学生才会思考	9787515341217	49.00
教师如何提高学生小组合作学习效率	9787515340340	39.00
卓越教师的200条教学策略	9787515340401	49.90
中小学生执行力训练手册：教出高效、专注、有自信的学生	9787515335384	49.90
从课堂开始的创客教育：培养每一位学生的创造能力	9787515342047	33.00
提高学生学习专注力的8个方法：打造深度学习课堂	9787515333557	35.00
改善学生学习态度的58个建议	9787515324067	36.00
★ 全脑教学（中国教育新闻网2015年度"影响教师的100本书"）	9787515323169	38.00

	书名	书号	定价
★	全脑教学与成长型思维教学：提高学生学习力的92个课堂游戏	9787515349466	39.00
★	哈佛大学教育学院思维训练课：让学生学会思考的20个方法	9787515325101	59.90
	完美结束一堂课的35个好创意	9787515325163	28.00
	如何更好地教学：优秀教师一定要知道的事	9787515324609	36.00
	带着目的教与学	9787515323978	39.90
★	美国中小学生社会技能课程与活动（学前阶段/1-3年级/4-6年级/7-12年级）	9787515322537等	153.80
	彻底走出教学误区：开启轻松智能课堂管理的45个方法	9787515322285	28.00
	破解问题学生的行为密码：如何教好焦虑、逆反、孤僻、暴躁、早熟的学生	9787515322292	36.00
	13个教学难题解决手册	9787515320502	28.00
★	让学生爱上学习的165个课堂游戏	9787515319032	39.00
	美国学生游戏与素质训练手册：培养孩子合作、自尊、沟通、情商的103种教育游戏	9787515325156	49.00
	老师怎么说，学生才会听	9787515312057	39.00
	快乐教学：如何让学生积极与你互动（入选《中国教育报》"影响教师的100本书"）	9787500696087	29.00
★	老师怎么教，学生才会提问	9787515317410	39.00
★	快速改善课堂纪律的75个方法	9787515313665	28.00
★	教学可以很简单：高效能教师轻松教学7法	9787515314457	39.00
★	好老师可以避免的20个课堂错误（入选《中国教育报》"影响教师的100图书"）	9787500688785	39.90
★	好老师应对课堂挑战的25个方法（《给教师的101条建议》作者新书）	9787500699378	25.00
★	好老师激励后进生的21个课堂技巧	9787515311838	39.80
★	开始和结束一堂课的50个好创意	9787515312071	29.80
	好老师因材施教的12个方法（美国著名教师伊莉莎白"好老师"三部曲）	9787500694847	22.00
★	如何打造高效能课堂	9787500680666	29.00
	合理有据的教师评价：课堂评估衡量学生进步	9787515330815	29.00
班主任工作/德育			
★	北京四中8班的教育奇迹	9787515321608	36.00
★	师德教育培训手册	9787515326627	29.80
	中小学教师职业道德培训手册：师德的定义、养成与评估	9787515340777	32.00
★	好老师征服后进生的14堂课（美国著名教师伊莉莎白"好老师"三部曲）	9787500693819	39.90
	优秀班主任的50条建议：师德教育感动读本（《中国教育报》专题推荐）	9787515305752	23.00
学校管理/校长领导力			
	卓越课堂的50个关键问题	9787515366678	39.00
	如何培育卓越教师：给学校管理者的行动清单	9787515357034	39.00
★	学校管理最重要的48件事	9787515361055	39.80
	重新设计学习和教学空间：设计利于活动、游戏、学习、创造的学习环境	9787515360447	49.90
	重新设计一所好学校：简单、合理、多样化地解构和重塑现有学习空间和学校环境	9787515356129	49.00
	让樱花绽放英华	9787515355603	79.00
	学校管理者平衡时间和精力的21个方法	9787515349886	29.90
	校长引导中层和教师思考的50个问题	9787515349176	29.00
	如何定义、评估和改变学校文化	9787515340371	29.80
	优秀校长一定要做的18件事（入选《中国教育报》"2009年影响教师的100本书"）	9787515342733	39.90
学科教学/教科研			
	中学古文观止50讲：文言文阅读能力提升之道	9787515366555	59.90
	完美英语备课法：用更短时间和更少材料让学生高度参与的100个课堂游戏	9787515366524	49.00
	人大附中整本书阅读取胜之道：让阅读与作文双赢	9787515364636	59.90
	北京四中语文课：千古文章	9787515360973	59.00
	北京四中语文课：亲近经典	9787515360980	59.00

书名	书号	定价
从备课开始的56个英语创意教学：快速从小白老师到名师高手	9787515359878	49.90
美国学生写作技能训练	9787515355979	39.90
《道德经》妙解、导读与分享（诵读版）	9787515351407	49.00
京沪穗江浙名校名师联手教你：如何写好中考作文	9787515356570	49.90
京沪穗江浙名校名师联手授课：如何写好高考作文	9787515356686	49.80
★ 人大附中中考作文取胜之道	9787515345567	39.80
★ 人大附中高考作文取胜之道	9787515320694	49.90
★ 人大附中学生这样学语文：走近经典名著	9787515328959	33.80
四界语文（入选《中国教育报》2017年度"教师喜爱的100本书"）	9787515348483	49.00
让小学一年级孩子爱上阅读的40个方法	9787515307589	39.90
让学生爱上数学的48个游戏	9787515326207	26.00
轻松100课教会孩子阅读英文	9787515338781	88.00

情商教育/心理咨询

书名	书号	定价
9节课，教你读懂孩子：妙解亲子教育、青春期教育、隔代教育难题	9787515351056	39.80
★ 学生版盖洛普优势识别器（独一无二的优势测量工具）	9787515350387	169.00
与孩子好好说话（获"美国国家育儿出版物（NAPPA）全奖"）	9787515350370	39.80
中小学心理教师的10项修炼	9787515309347	36.00
★ 别和青春期的孩子较劲（增订版）（入选《中国教育报》"2009年影响教师的100本书"）	9787515343075	28.00
★ 100条让孩子胜出的社交规则	9787515327648	28.00
守护孩子安全一定要知道的17个方法	9787515326405	32.00

幼儿园/学前教育

书名	书号	定价
中挪学前教育合作式学习：经验·对话·反思	9787515364858	79.00
幼小衔接听读能力课	9787515364643	33.00
用蒙台梭利教育法开启0～6岁男孩潜能	9787515361222	45.00
德国幼儿的自我表达课：不是孩子爱闹情绪，是她/他想说却不会说！	9787515359458	59.00
德国幼儿教育成功的秘密：近距离体验德国学前教育理念与幼儿园日常活动安排	9787515359465	49.80
美国儿童自然拼读启蒙课：至关重要的早期阅读训练系统	9787515351933	49.80
幼儿园30个大主题活动精选：让工作更轻松的整合技巧	9787515339627	39.80
★ 美国幼儿教育活动大百科：3-6岁儿童学习与发展指南用书 科学/艺术/健康与语言/社会	9787515324265等	600.00
蒙台梭利早期教育法：3-6岁儿童发展指南（理论版）	9787515322544	29.80
蒙台梭利儿童教育手册：3-6岁儿童发展指南（实践版）	9787515307664	33.00
★ 自由地学习：华德福的幼儿园教育	9787515328300	29.90
赞美你：奥巴马给女儿的信	9787515303222	19.90
史上最接地气的幼儿书单	9787515329185	39.80

教育主张/教育视野

书名	书号	定价
教育新思维：帮助孩子达成目标的实战教学法	9787515365848	49.00
学习是如何发生的：教育心理学中的开创性研究及其实践意义	9787515366531	59.90
父母不应该错过的犹太人育儿法	9787515365688	59.00
如何在线教学：教师在智能教育新形态下的生存与发展	9787515365855	49.00
正向养育：黑幼龙的慢养哲学	9787515365671	39.90
颠覆教育的人：蒙台梭利传	9787515365572	59.90
学习的科学：每位教师都应知道的77项教育研究成果	9787515364094	59.00
真实性学习：如何设计体验式、情境式、主动式的学习课堂	9787515363769	49.00
哈佛前1%的秘密（俞敏洪、成甲、姚梅林、张梅玲推荐）	9787515363349	59.90

书名	书号	定价
基于七个习惯的自我领导力教育设计：让学校育人更有道，让学生自育更有根	9787515362809	69.00
终身学习：让学生在未来拥有不可替代的决胜力	9787515360560	49.90
颠覆性思维：为什么我们的阅读方式很重要	9787515360393	39.90
如何教学生阅读与思考：每位教师都需要的阅读训练手册	9787515359472	39.00
"互联网+"时代，如何做一名成长型教师	9787515340302	29.90
教出阅读力	9787515352800	39.90
为学生赋能：当学生自己掌控学习时，会发生什么	9787515352848	33.00
如何用设计思维创意教学：风靡全球的创造力培养方法	9787515352367	39.80
如何发现孩子：实践蒙台梭利解放天性的趣味游戏	9787515325750	32.00
如何学习：用更短的时间达到更佳效果和更好成绩	9787515349084	49.00
教师和家长共同培养卓越学生的10个策略	9787515331355	27.00
★ 如何阅读：一个已被证实的低投入高回报的学习方法	9787515346847	39.00
★ 芬兰教育全球第一的秘密（钻石版）（《中国教育报》等主流媒体专题推荐）	9787515359922	59.00
世界最好的教育给父母和教师的45堂必修课（《芬兰教育全球第一的秘密》2）	9787515342696	28.00
★ 杰出青少年的7个习惯（精英版）	9787515342672	39.00
杰出青少年的7个习惯（成长版）	9787515335155	29.00
★ 杰出青少年的6个决定（领袖版）（全国优秀出版物奖）	9787515342658	49.90
★ 7个习惯教出优秀学生（第2版）（全球畅销书《高效能人士的七个习惯》教师版）	9787515342573	39.90
学习的科学：如何学习得更好更快（入选中国教育网2016年度"影响教师的100本书"）	9787515341767	39.80
杰出青少年构建内心世界的5个坐标（中国青少年成长公开课）	9787515314952	59.00
★ 跳出教育的盒子（第2版）（美国中小学教学经典畅销书）	9787515344676	35.00
夏烈教授给高中生的19场讲座	9787515318813	29.90
★ 学习之道：美国公认经典学习书	9787515342641	39.00
★ 翻转学习：如何更好地实践翻转课堂与慕课教学（中国教育新闻网2015年度"影响教师的100本书"）	9787515334837	32.00
★ 翻转课堂与慕课教学：一场正在到来的教育变革	9787515328232	26.00
翻转课堂与混合式教学：互联网+时代，教育变革的最佳解决方案	9787515349022	29.80
翻转课堂与深度学习：人工智能时代，以学生为中心的智慧教学	9787515351582	29.80
★ 奇迹学校：震撼美国教育界的教学传奇（中国教育新闻网2015年度"影响教师的100本书"）	9787515327044	36.00
★ 学校是一段旅程：华德福教师1-8年级教学手记	9787515327945	49.00
★ 高效能人士的七个习惯（30周年纪念版）（全球畅销书）	9787515360430	79.00

您可以通过如下途径购买：

1. 书　　店：各地新华书店、教育书店。
2. 网上书店：当当网（www.dangdang.com）、天猫（zqwts.tmall.com）、京东网（www.jd.com）。
3. 团　　购：各地教育部门、学校、教师培训机构、图书馆团购，可享受特别优惠。
　购书热线：010-65511272 / 65516873